KLEINE MENSCHEN,
GROSSE FRAGEN

WOLFRAM EILENBERGER

KLEINE MENSCHEN, GROSSE FRAGEN

20 philosophische Geschichten
für die Erwachsenen von morgen – und heute

Berlin Verlag

Für Venla und Kaisa, zwei aus sieben Milliarden

FSC

Mix

Produktgruppe aus vorbildlich
bewirtschafteten Wäldern und
anderen kontrollierten Herkünften

Zert.-Nr. GFA-COC-001262
www.fsc.org
© 1996 Forest Stewardship Council

2. Auflage 2009
© 2009 Berlin Verlag GmbH, Berlin
Alle Rechte vorbehalten
Umschlaggestaltung: Nina Rothfos & Patrick Gabler, Hamburg
Typografie: Birgit Thiel, Berlin
Gesetzt aus der Swift durch psb, Berlin
Druck und Bindung: Pustet, Regensburg
Printed in Germany 2009
ISBN 978-3-8270-0827-5

www.berlinverlage.de

INHALT

III. WILLST DU MITSPIELEN?

IV. MORGEN IST EIN NEUER TAG!

Tatsächlich erziehen sich Menschen und Wörter also wechselseitig.

Charles Sanders Peirce

I. UNTERWEGS MIT SCHWESTER MAJA

Ich verstehe, so ist dieser Staat, den wir eben erörterten und gründeten, im Geiste nur zu finden, da er auf Erden, glaube ich, nirgendwo ist.
Aber vielleicht ist er im Himmel aufgestellt als ein Beispiel für den, der ihn sehen will und danach sein eigenes Ich ordnet.

Plato, *Der Staat*, IX. Buch

HAST DU AUCH SO EINEN FREUND?
Und warum diese Frage überlebenswichtig ist

Ich versuche ja, die Welt mit deinen Augen zu sehen. Aber leicht machst du es mir nicht. Seit einer halben Stunde spielst du mit einer Freundin, die es eigentlich gar nicht gibt. Ihr habt euch in eurer selbst gebauten Höhle verkrochen. Kocht dort füreinander, tauscht Geschenke aus, frisiert, küsst euch und vertreibt in regelmäßigen Abständen böse Ungeheuer.

Ich muss draußen bleiben. Den Wächter spielen, ab und zu warnend ausrufen: »Achtung, da kommt jemand, der will euch holen!« Dann ist in der Höhle natürlich mächtig was los. Ihr fürchtet und freut euch zugleich, wollt geschnappt werden, herausgezerrt – und wieder nicht. Vom Wächter, der zum Ungeheuer wurde. Das ist das Spiel. Sogar eure eigene Sprache habt ihr erfunden. Du sprichst und kreischst, in Stimmen, stark verzerrt, wie eine Wahnsinnige.

Wärst du nur zehn Jahre älter, ich würde wohl einen Arzt rufen, damit er dich mitnimmt und dich vor dir selbst schützt. Aber so? Ganz alltäglich. Ganz gewöhnlich. Neun von zehn Kindern in deinem Alter tun, was du tust. Es soll sogar gut sein, gut für deine Entwicklung. Kinder, die einen imaginären Freund hatten, habe ich gelesen, »erreichen später einmal eine höhere Sozialkompetenz« – was wohl bedeutet, dass sie sich als Erwachsene besser in andere Menschen hineinversetzen können.

Sich in einen anderen hineinversetzen. Keine so leichte Sache. Da sitzt also, wenn ich es recht verstehe, im Moment jemand mitten in dir drin? Deine »große Schwester Maja«, wie du sie nennst.

– *Papa, bist du noch da?*
– *Selbstverständlich.*
– *Du musst jetzt rufen, dass da jemand kommt! Je-etzt!*
– *Ich habe jetzt aber keine Lust mehr. Ich finde, wir haben lange genug Höhle gespielt.*
– *Schwester Maja will aber noch weiterspielen!*
– *Dann erkläre ihr, dass der Wächter müde ist und eine Pause benötigt.*
– *Sie will aber noch weiterspielen!*
– *Ich erkläre ihr es auch persönlich, wenn du mich lässt.*
– *Das geht nicht.*
– *Warum nicht?*
– *Weil es eben nicht geht!*
– *Dann müsst ihr beide in eurer Höhle alleine weiterspielen. Eine andere Möglichkeit sehe ich nicht.*
– *Aber du bist der Wächter. Du musst gehorchen!*
– *Ich will aber nicht mehr Wächter sein.*
– *Blöd. Blöder Papa!*

Ein launisches, eigensinniges Ding, deine große Schwester Maja. Manchmal streitet ihr sogar miteinander, diskutiert, erklärt, zankt. So wie im Moment, in eurer Höhle.
Du kommst herausgekrochen. Und es bist wirklich du. Nur du. Ich kann es auf den ersten Blick erkennen.

– *Wo ist denn Schwester Maja?*
– *War müde. Hat sich hingelegt.*
– *Und wann, glaubst du, wacht sie wieder auf?*
– *Weiß ich nicht,*

– Weiß man ja nie bei ihr, oder?

– Hm. Sag mal, Papa, hast du auch so eine Freundin?

– Wie Schwester Maja, meinst du?

– Ja.

– Als ich so alt war wie du, hatte ich so einen Freund. Es war ein Junge. Er hieß Erwin.

– Und was war das für ein Junge?

– Er war ein bisschen älter als ich, so wie Schwester Maja ja auch ein wenig älter ist als du. Wir haben getanzt, uns Geschichten erzählt und Versteck gespielt. Einmal hat er sich so gut versteckt, dass ich mich auf der Suche nach ihm verlaufen habe und dann in einen Bach gefallen bin. Das jedenfalls erzählt die Oma. Und dann, daran erinnere ich mich selbst noch ganz deutlich, haben wir geboxt, viel geboxt. Und miteinander gerauft.

So war das wohl mit Erwin. Meinem ersten Freund. Sollte ich heute erklären, was er war, würde ich sagen: eine bessere Version meines Selbst; die beste, die ich mir zur damaligen Zeit vorstellen konnte. Ein großer Freund, der mich im Zwiegespräch erzog, der mich verstand und immer da war, mitten in mir drin.

Was aber wäre so ein imaginärer Freund für einen Erwachsenen? Eine Persönlichkeitsstörung? Ein ziemlich ehrgeiziges Gewissen? Ein eigensinniges Über-Ich? Oder – weshalb das Kind nicht bei seinem ersten Namen nennen – ein Dämon von der Art, wie ihn der Philosoph Sokrates einst in seinem Inneren hörte? Jene Stimme, die ihn trieb, sich und auch andere vor die Frage zu stellen: Wer bist du? Wie willst du leben? Was willst du werden?

– War Erwin stark?

– Sehr stark. Aber ich hab ihn trotzdem manchmal besiegt.

– *Schwester Maja ist auch sehr stark!*
– *So stark wie du?*
– *Viel stärker! Sie hat sogar mit einem Krokodil geringt!*
– *Gerungen.*
– *Und einen Löwen gefangen! Mit den Händen.*
– *Wie hat sie das denn geschafft?*
– *Sie hat ihn geboxt. So hat sie ihn geboxt. So! So!*
– *Aha, ich kann's mir in etwa vorstellen.*
– *Geboxt hat sie ihn. So! So! So!*
– *Vorsicht, nicht so laut! Du weckst noch Schwester Maja auf.*
– *Oh …*

Schon bist du wieder in der Höhle verschwunden. Einfach abgezischt. Kennst weder Vater noch Mutter, wenn sie dich ruft. Kann ja alles, deine geniale Schwester. Was ich dich auch frage oder fragen würde, die Antwort ist immer die gleiche: Nein, ich noch nicht …, aber Schwester Maja weiß es, Schwester Maja war schon einmal dort, Schwester Maja kann es.

Das hat mit Selbsterkenntnis offenbar nur wenig zu tun. Eher mit altersgemäßem Größenwahn. Aber warum solltest du – ihr, sie? – auch bescheiden sein? Wäre ein bisschen früh. Frühreif. Denn zumindest das ließe sich von deiner Schwester Maja doch behaupten: dass sie am Anfang eines Gesprächs steht, das davon handelt, wer du werden willst.

»Werde, der du bist.« Das ist eine ebenso alte Formel wie das sokratische »Erkenne dich selbst!« – sogar noch ein wenig älter. Nicht von einem Philosophen stammt sie, sondern dem Tragödiendichter Pindar. Eigentlich muss man zwischen beide Formeln nur den Gedanken fügen, dass ein menschliches Selbst immer im Werden begriffen ist – ob es will oder nicht –, und man erkennt, dass sie dieselbe Herausforderung benennen. Werde, der du bist. Oder, als ängstliche Eltern-version: Was soll nur aus dir werden?

Wenn ich nach möglichen Antworten auf diese Frage suche, muss ich mich nur in deinem Zimmer umsehen. Kreatives Chaos, würde die Oma jetzt sagen: Ich sehe einen Arztkoffer, ein Schiff, eine Puppe, ein Haus, ein Auto, einen Hund. Eine Gießkanne. Bälle. Ein Baum. Ein Pferd. Stifte. Ein Blatt. Bücher. Kassetten. Sägen. Hämmer. Spielzeug.

Alles, was du brauchst, um ein zukünftiges Selbst zu schaffen. Jetzt musst du nur noch die Möglichkeiten entdecken. *Deine* Möglichkeiten.

   – Achtung! Da kommt jemand und will euch holen!
   – Nicht! Nicht!
   – Doch, ich komme jetzt rein und hole euch, uaaah, und dann fresse ich euch auf, mit Haut und Haaren, fresse euch die Haare vom Kopf, uaah!
   – Nein, bitte nicht! Schwester Maja, wach auf! Hilf mir!
   – Ihr habt keine Chance, ich bin von der Polizei, ihr habt den ganzen Tag wieder nur Unsinn getrieben, das können wir nicht dulden. UAAAAH!

   – ... Halt! Papa, das ist blöd, das ist ein blödes Spiel. Das möchten wir nicht!
   – Keine Polizei? Wer soll ich stattdessen sein?

   – ... Ein Wolf!
   – Gut, dann eben ein Wolf. Uaaah, ich bin der Wolf, ich bin ein Wolfsmensch und fresse euch auf, weil Wölfe das so machen, das ist unsere Natur, uuah, niemand kann mich stoppen!
   – Schwester Maja, schnell, du musst ihn boxen! Boxen! Bist doch nur ein fauler Stinker!

– Wie bitte?

– Bist ein fauler Stinker, Wolfsmann!

– Aua! Uaahh, uaaah, Rückzug, uaaah!

– ... Fauler Stinker sagt man aber nicht!

– Doch, sagt man!

Was aus dir werden soll? Jedenfalls nicht »man«, sondern du selbst. Das ist auch Friedrich Nietzsches Antwort. Nicht beklommen und ängstlich spricht er sie aus, sondern fordernd und zukunftsfroh. Und nur traurigen Spott hat er für Eltern übrig, die lediglich ihren Kindern diese Frage stellen, nicht mehr aber sich selbst. Denn Nietzsche nimmt an, dass so gut wie jeder Mensch diese fordernde Stimme – er nennt sie Genius – schon einmal in sich gehört hat und immer wieder in sich hört, zu verschiedensten Zeiten des eigenen Lebens. Zeiten, die eine Entscheidung erfordern, die sich wie eine Krise anfühlen. »Jede junge Seele hört diesen Zuruf bei Tag und Nacht und erzittert dabei; denn sie ahnt ihr seit Ewigkeiten bestimmtes Maß von Glück, wenn sie an ihre wirkliche Befreiung denkt ...«

Eine junge Seele – damit ist kein spezifisches Alter angesprochen. Nietzsche war jenseits der dreißig, als er diese Zeilen schrieb. Also in einem Alter, in dem die Versuchung, diese Stimme im Selbst zum Schweigen zu bringen, besonders groß sein mag. Wenn die Kompromisse des Lebens ihre Schatten auf die Träume und Wünsche der Jugend werfen und aus den weit verteilten Spielsachen des eigenen Zimmers längst die Rechnungen des Tages geworden sind. Eine Zeit, in der der Spielraum enger wird. Vor allem, wenn Kinder im Spiel sind. Eine Zeit, sesshaft zu werden. Oder sollte ich besser sagen: sesselhaft?

Das wäre eine – äußerliche – Bestimmung von Erwachsensein: Man hat einen Platz im Leben und in der Gesellschaft gefunden. Man hat eine Familie gegründet. Und die Stimme schweigt zufrieden.

Aber was, wenn du den Platz nicht magst, obwohl dich keiner gezwungen hat, ihn einzunehmen – und die Stimme meldet sich? Wirst du dann trotzdem erwachsen sein, Reife zeigen, weiter deine Pflicht erfüllen? *Deine* Pflicht?

Wie kannst du Verantwortung für ein Kind übernehmen, wenn du verantwortungslos gegenüber deinem eigenen Selbst bist? Wie kannst du von Pflicht gegen andere sprechen, wenn du dich selbst so schändlich vernachlässigst? Wenn das, was du Reife nennst, in Wahrheit nur ein Abfinden mit Gegebenheiten ist? Von Tapferkeit, wenn du nicht einmal den Mut aufbringst, »ich« zu sagen?

So werden Nietzsches Genius und der Dämon des Sokrates mit einer Stimme fragen – und zwar so lange, bis sie von dir deine Antwort erhalten haben.

Jene, die es vorziehen, ihren Genius zu missachten, nennt Nietzsche »Geister«: Imaginäre Menschen, die mitten unter uns leben und die, was immer sie auch sagen, doch nie für sich selbst sprechen. Für Sokrates sind diese Geister vertane Chancen auf ein würdiges Leben.

  – Papa, ich habe Hunger!
  – Hunger ist gut, in Wirklichkeit gibt es nur einen Hunger.
  – Was hast du gesagt?
  – Ich habe gefragt, was du gerne essen möchtest.
  – Ein Salamibrot, getoastet, ohne Butter. Und ein Glas Apfelsaft, mit Wasser. Aber kein Sprudelwasser!
  – Gut, sollst du haben. Will Schwester Maja auch was?
  – Ja, das Gleiche!

Soll ich jetzt für Schwester Maja ein Brot mitschmieren? Um deinem höheren Selbst Nahrung zu geben? Nichts anderes erwartest du.

Schon bald wirst du nichts mehr von deiner großen Schwester hören, nichts mehr von ihr hören wollen, und als Kind mit Scham an das Kind zurückdenken, das du vor kurzem noch warst. Von dir stoßen wirst du sie, wenn deine Stimme von neuem nach Erneuerung ruft. Nach einer neuen Freundin, einem neuen Freund, nach jemandem, der dein Sprechen versteht, auch wenn er vielleicht ganz anders redet, oder nach jemandem, der dich anspricht, gerade weil du ihn noch nicht verstehst. Solche Freunde – mögen sie imaginär sein oder nicht – nennt Nietzsche *Erzieher*.

Bilde dir bloß nicht ein, dass du sie dir aussuchen kannst. Vielmehr suchen sie dich. Haben es auf dich abgesehen. Oder sie werden dir einfach vor die Nase gesetzt, gerade am Anfang, wo es am meisten zählt – in Gestalt der Eltern.

Ist aber nur fair. Wir haben uns dich ja auch nicht aussuchen können. Du wurdest uns auch einfach aufgetischt, mit der Stimme deines ersten Schreis. Seitdem erziehen wir dich, ob du es willst oder nicht. Und du uns.

– *Isst du das zweite Brot noch?*

– *Nö.*

– *Gut, dann nehme ich es.*

– *Schmeckt wirklich gut, Papa.*

– *Ja, Salamibrot ist was Leckeres. Wo wohnt denn deine Schwester Maja, wenn sie nicht bei uns ist?*

– *Habe ich doch schon erklärt: in Poopipääpi.*

– *Würde ich ja gern mal sehen, diese Stadt. Können wir sie besuchen?*

– *Ja, wir können hinfahren. Ich habe ihr schon gesagt, dass du* kommst. Männer dürfen da aber nicht hin. Schwester Maja mag keine Jungs. Aber du bist mein Papa. Du darfst das. Ich habe sie schon gefragt.

– Was für eine Ehre. Wo liegt das eigentlich, Poopipääpi?

– In den Bergen! In den Bergen! Weit weg. Wir müssen mit dem Zug fahren, erst mit dem Zug, und dann reiten, auf den Pferden, in die Berge, bis zu Schwester Majas Haus.

– Kannst du denn reiten, auf einem Pferd?

– Ja. Schwester Maja hat es mir beigebracht! Ich habe da ein Pony.

– Sag mal, eines wollt ich doch noch fragen: Gibt es sie wirklich, diese Schwester Maja? Und ihre Stadt, Poopipääpi?

– Aber natürlich! Morgen fahren wir hin!

BIN DAS ICH?
Und wohin uns diese Frage führen kann

Schwierig. Mit dem rechten Zeigefinger auf den Lippen und Blick zum Boden drehst du deine Kreise. Spielst nachdenken. Oder denkst tatsächlich nach. Begutachtest deine Plüschtiere, bewertest deine Puppen. Was mitnehmen, wen zurücklassen? Schon morgen früh, hast du beschlossen, werden wir aufbrechen, in das Land deiner imaginären Freundin Schwester Maja – nach Poopipääpi, hinter den Bergen. Und nur ein kleiner Rucksack als Gepäck. Da ist guter Rat teuer.

> – Nimm ja nicht zu viel mit. Sonst tut dir dein Rücken bald weh. Was wir für so eine Reise vor allem brauchen, ist eine gute Karte. Nicht, dass wir uns am Ende noch verlaufen.
> – Ich kann eine Karte malen! Ich weiß ja genau, wo es liegt.
> – Gut. Dann zeichne du die Karte. Ich kümmere mich um unsere Pässe, damit wir an der Grenze keine Schwierigkeiten bekommen.
> – Aber ich finde meine Stifte nicht! Wo sind nur meine Stifte?
> – Vermutlich dort, wo du sie zuletzt hast liegen lassen.
> – Ich weiß aber nicht mehr, wo ich sie das letzte Mal hingelegt habe.
> – Dann mach deine Augen auf und suche! Dinge lösen sich nicht einfach in Luft auf. Vielleicht auf dem Schreibtisch, wo sie hingehören?
> – Ja, da sind sie! Da sind sie!

Endlich hast du dich an deinen kleinen Tisch gesetzt, ein Blatt Papier genommen, bist still und konzentriert. Jetzt muss ich nur noch unsere Pässe finden. Irgendwo hier, in der untersten Schublade, müsste sie eigentlich stecken, die kleine schwarze Tasche, mit allem drin, was wir sind, sämtlichen Identitätsnachweisen. Auch dir haben sie ja bereits deinen eigenen Pass verordnet, sonst hätten sie dich damals nicht in die USA einreisen lassen.

– *Papa, hast du unsere Pässe gefunden?*
– *Was glaubst du denn? Alles da!*
– *Gib mir meinen, ich packe ihn in den Rucksack.*
– *Aber nicht verlieren, verstanden?*
– *Jaja, ich passe gut darauf auf. Versprochen. Wie kommt das denn da rein?*
– *Was?*
– *Na, das graue Bild hier.*
– *Zeig mal. Sieht aus wie eine Ultraschallaufnahme. Von Mamas Bauch. Als sie mit dir schwanger war. Siehst du den kleinen dunklen Punkt da?*
– *Bin das ich?*
– *Könnte man so sagen. Damals warst du erst acht, neun Wochen alt.*
– *Sieht mir aber überhaupt nicht ähnlich.*
– *Stimmt. Eher wie ein Bohne.*
– *Oder eine Raupe!*

Nupf haben wir dich damals genannt. Wir wussten ja noch nichts Genaueres. Außer, dass da etwas auf dem Weg war. Etwas, das, ginge nur alles seinen erhofften Gang, schon wenige Jahre darauf in der Lage sein würde, uns in die Augen zu sehen und zum Beispiel zu fragen: »Bin das ich?« Ein, wie sagt es der Philosoph John Locke so schön, »denkendes, verständiges Wesen, das Vernunft und Überlegung besitzt und

sich selbst als sich selbst betrachten kann. Also eine Person.«
Das bist du ganz offenbar geworden: eine Person. Hast es eben
zweifelsfrei bewiesen. Mit deiner Frage.

Nichts gegen den Rest des belebten Universums. Es mag ja
Schimpansen geben, die sich im Spiegel erkennen und die
womöglich sogar in der Lage sind, ein Foto in ihrem Schim-
pansenpass als ein Foto von sich zu identifizieren. Aber ein
Ultraschallbild aus der achten Woche der eigenen Entwicklung zu betrachten und dann spontan zu fragen: »Bin das
ich?«, das können nur welche wie wir – Menschen. »Daß der
Mensch in seiner Vorstellung das Ich haben kann«, leitet
Immanuel Kant seine Anthropologie ein, »erhebt ihn unendlich über alle anderen auf Erden lebende Wesen. Dadurch
ist er eine Person und vermöge der Einheit des Bewußtseins
bei allen Veränderungen, die ihm zustoßen mögen, eine und
dieselbe Person, d. i. ein von Sachen, dergleichen die vernunft-
losen Thiere sind, mit denen man nach Belieben schalten und
walten kann, durch Rang und Würde ganz unterschiedenes
Wesen ...«

Herrliche, erhebende Worte. Zumindest für die, die dazuge-
hören.

– Was habe ich denn da gemacht, in Mamas Bauch?
– Du hast gar nichts gemacht. Du hast einfach dagelegen, eingenis-
tet, und bist versorgt worden, über einen kleinen Schlauch. Siehst
du, da, wo jetzt dein Bauchnabel ist, das war die Verbindungs-
stelle.
– Weiß ich doch.
– Klar, weißt du. Und gewachsen bist du, hast in rasendem Tempo
deine Gestalt verändert, jeden Tag, von Woche zu Woche.
– So wie eine Raupe?
– Nur noch schneller, und vielfältiger. Aus der Raupe wurde ein

Fisch mit Kiemen, dann hattest du einen Schwanz wie eine Eidechse,
sahst aus wie eine Maus, mit großen Ohren, wie eine Gazelle, mit
Hufen, einen Rüssel hattest du, wie ein Elefant, und Woche für
Woche wurde aus dem Rüssel dein Mund, aus den Hufen wurden
deine Finger und Zehen, aus dem Panzer deine Haut, aus den Kie-
men deine Lungen ... und schließlich ein ganzer Mensch, auch wenn
ich es selbst kaum glauben kann, jetzt, wo ich es erzähle.
– Kann ich mich überhaupt nicht dran erinnern.
– Du hast ja auch kein Elefantengedächtnis.
– War ich wirklich mal ein Elefant?
– Ja, ein ganz kleines bisschen schon.

Ob das du bist, auf dem Ultraschallbild? Dieselbe, die du
heute bist? Und wenn ja, dieselbe was? Dieselbe Person? Das-
selbe ich? Derselbe Mensch? Dasselbe Individuum?
Klar warst das schon du. Jedenfalls führt eine kontinuierliche
Entwicklungslinie von dem 30-Millimeter-Zellhaufen auf dem
Bild zu dem Wesen, das im Moment selbstbewusst durchs
Zimmer trötet.
Allerdings warst du damals ganz sicher nichts, was »Vernunft
und Überlegung besaß und sich selbst als sich selbst betrach-
ten konnte«, besaßt noch keine der Eigenschaften, die eine
Person ausmachen, die *deine* Person ausmachen. Warst auch
ganz sicher kein Ich, hattest nicht einmal Bedürfnisse, die es
wert wären, menschlich genannt zu werden. Ohne Gehirn,
Rückenmark, Organe, Augen. Anschallen konnte man dich.
Per Sonar. Aber nicht ansprechen. Denn da war noch kein
Inneres, zu dem die Ansprache hätte vordringen können.
Nein, das warst nicht du. Das war überhaupt kein Du – auch
wenn darin schon alles, was du jetzt bist, als Möglichkeit
schlummerte. In deinen Genen, deinem damals schon einzig-
artigen menschlichen Muster.

Und wer weiß, vielleicht wird es bereits in wenigen Jahren möglich sein, aus einer einzigen deiner Körperzellen – einer Schuppe von dir – einen genetisch identischen Klon deiner selbst heranzuzüchten. Alles eine Frage der Technik. Werden wir dann sagen, in dieser Schuppe schlummere ein potenzieller Mensch, und sie entsprechend behandeln, wertschätzen, schützen? Es gibt ja Menschen, die reden so, als ob alles, was das Potenzial zum Menschen in sich trägt, bereits aufgrund dieses Potenzials die gleichen Rechte, die gleiche Würde, dieselbe Fürsorge, den gleichen Schutz verdiente wie ein leibhaftiger Mensch, der sein Leben mit uns teilt.

Eine Zelle, eine Raupe liebkosen – dir ist so eine Haltung ohne weiteres zuzutrauen. Es ist noch gar nicht lange her, da hast du über mehrere Tage einen Käfer in einem Karton gehegt und gepflegt, gerade so, als wäre es die eigene Tochter – und nicht ein um Milliarden Jahre und Generationen entfernter Stiefonkel. Weil du ihn eben noch spürst, den instinktiv gesunden Sinn für die Heiligkeit alles Lebenden.
Gerne würde ich dich so preisen – hättest du den Käfer nicht aus einem ebenso natürlichen Impuls der Neugier einfach zwischen Daumen und Zeigefinger zerdrückt, um zu sehen, welche Säfte er wohl enthält. Mit sichtbarer Lust an der Tat und Ekel vor dem Ergebnis. »War doch nur ein Käfer!« – »Stell dir vor, du wärst der Käfer, und jemand würde dich so zerdrücken, das würde dir auch nicht gefallen.« Dafür hattest du kein Ohr. Denn so viel begreifst du wohl: Einen Käfer und dich trennen Welten. Der ist keiner von uns, nicht einmal potenziell.

Jetzt hast du deinen Reisepass doch liegen lassen, obwohl du mir erst vor zwei Minuten hoch und heilig versprochen hattest, ihn wie deinen Augapfel zu hüten.

Das da, auf dem Passfoto, bist du. Im Alter von 13 Monaten. Da war dein Licht schon angeknipst, hattest du schon deine ganz eigenen Bedürfnisse und Vorlieben. Angesprochen haben wir dich, bei deinem Namen genannt, wieder und wieder. Viel Vernünftiges kam allerdings nicht zurück, ein Lallen und Glucksen, begleitet von diffusen Zeigegesten. Im Spiegel hast du dich schon erkannt (Da! Da!), aber »ich« konntest du noch nicht sagen.

Warst du damals schon eine Person? Ja oder nein? Hopp oder topp? Oder sollen wir es, anstatt feste Grenzen zu imaginieren, wie bei deinem geliebten Topfschlagen halten: wärmer, noch wärmer, heiß … Dann warst du zu der Zeit bereits ein verdammt heißer Kandidat aufs Personsein.

Ähnlich siehst du dem Baby von damals allerdings nicht mehr. Du würdest dich erkennen, keine Frage. Bist ja über die Geschichte deines Werdens bestens im Bilde. Aber ein skeptischer Grenzbeamter möchte schon seine Zweifel anmelden. Mal sehen.

– *Schwester Maja sagt, sie war auch schon einmal ein Elefant, in Afrika …*

– *Halt! Stehen bleiben. Grenzkontrolle. Dürfte ich um Ihren Ausweis bitten?*

– *Den habe ich … Wo ist er denn jetzt?*

– *Ist das hier vielleicht Ihr Ausweis? Er wurde hier vor kurzem gefunden.*

– *Ja, das ist er!*

– *Wollen Sie nicht erst einmal nachsehen, ob es auch wirklich Ihrer ist?*

– *Ja, das bin ich, hier auf dem Foto. Guck mal!*

– *Soso. Können Sie sich noch erinnern, wo und wann dieses Foto aufgenommen wurde?*

– *Äh, nein.*

– *Das Mädchen auf dem Foto ist wesentlich jünger als Sie. Das hat bestimmt noch in die Hosen gemacht.*

– *Da war ich noch kleiner, erst soooo Jahre alt.*

– *Aha, und jetzt machen Sie also nicht mehr in die Hosen?*

– *Nein, das machen doch nur Babys.*

– *Und Fahrradfahren konnten Sie damals auch noch nicht, nehme ich an. Ohne Stützräder.*

– *Nein, dafür war ich noch zu klein.*

– *Aha! Aber das wollen trotzdem noch Sie sein. Das ist aber alles sehr, sehr merkwürdig. Schwindeln Sie mich auch nicht an?*

– *Nein, das bin wirklich ich, schau doch mal hin!*

– *Kann ja jedes kleine Mädchen kommen, mir ein Bild zeigen und sagen: Das bin ich!*

– *Aber das bin ich! (Panisch.) Das bin ich wirklich!*

– *Nun gut, dann wollen wir noch mal ein Auge zudrücken. Wohin soll es denn gehen?*

– *Nach Poopipääpi, zu meiner großen Schwester Maja!*

– *Wünsche gute Reise.*

Da hast du aber noch einmal Glück gehabt. In das Reich des John Locke hätte man dich auf dieser Grundlage womöglich nicht einreisen lassen – und Locke gilt immerhin als geistiger Gründervater des modernen Rechtstaates.

Ganz offensichtlich hast du keine konkreten Erinnerungen daran, wie es war und sich anfühlte, das Mädchen auf dem Foto gewesen zu sein. Dabei ist für Locke just die Erinnerungsfähigkeit an vergangene Stadien des eigenen Selbst absolut entscheidend: »Denn da das Bewusstsein ... jeden zu dem macht, was er sein Selbst nennt und wodurch er sich von allen anderen denkenden Wesen unterscheidet, ... so besteht hierin allein die Identität der Person, das heißt das Sich-selbst-gleich-Bleiben eines vernünftigen Wesens. So weit nun dieses Bewusstsein rückwärts auf vergangene Taten ausgedehnt werden kann, so weit reicht die Identität dieser Person.«

Dann wäre das also auch geklärt. Das bist nicht du in deinem Pass, sondern eine andere Person, die nur noch in der Erinnerung anderer existiert, nicht aber in deiner eigenen. Dich mag das nicht sonderlich bekümmern (genauso wenig wie deine imaginäre Freundin Schwester Maja – gegen zwei Personen in einem Körper hat Locke schließlich nichts einzuwenden), aber mich, mich bekümmert es. Ich bin schließlich auch ein Selbst, auch eine Person. Und jedes Mal, wenn ich mir Lockes Kriterium in Erinnerung rufe, wird mir ein wenig mulmig zumute. Denn dann frage ich mich, was ich zum Beispiel am 3. April 1979 gemacht habe, am 23. Mai 1983, am 16. November 1999 oder am 7. Oktober 2004. Die Antwort ist immer dieselbe: Ich habe nicht die geringste Ahnung. Meine personale Identität kommt mir dann vor wie eine Socke, die aus lauter Löchern besteht. Von den ersten fünf Jahren meines Lebens ganz zu schweigen.

Und einmal auf der Suche nach meinem vergessenen Selbst, fällt mir dann auch auf, dass es mit der mutmaßlichen Identität meines Bewusstseins – meinem »Mir-selbst-gleich-Bleiben« – längst nicht so weit her ist, wie Locke oder auch Kant das verkünden. Sobald ich nämlich den Blick nach innen wende, nehme ich nichts als einen reißenden Strom von Gedanken und Empfindungen wahr, der alles, aber auch wirklich alles ist, was ich bin – nur nicht mit sich selbst identisch.

Es kommt mir deshalb manchmal fast so vor, als ob dieses große, einheitliche, kontinuierliche Ich in mir nichts anderes als ein Produkt meiner eigenen Einbildungskraft wäre, eine Art imaginärer Freund, mitten in mir drin, von dem ich mir, was ich auch tue und lasse, immer vorstellen kann, dass es alle meine Handlungen und Gefühle begleitet. Oder sogar so etwas wie ein Wegweiser, den ich selbst im Geiste aufgestellt habe, damit ich auf dem Weg nicht ganz und gar verloren gehe.

– *Schau mal, Papa, die Karte! Ich habe alles genau gemalt. Hier, da oben, das Haus mit dem Pferd, das ist Poopipääpi.*
– *Verstehe. Und wo sind wir?*
– *Da unten. Ganz am Anfang. Siehst du, der kleine schwarze Punkt da, das bin ich.*
– *Aha, und wo bin ich?*
– *Dich habe ich vergessen.*
– *Das sieht dir ähnlich.*

HÄTTE ICH AUCH EIN JUNGE SEIN KÖNNEN?
Und warum diese Frage mehr als ein Echo hat

Du kannst einfach nicht davon lassen. Drehst es nach allen Seiten und Richtungen, hältst es prüfend gegen das Licht. Der Wurm da, auf dem Ultraschallbild, das sollst einmal du gewesen sein. Ein frühes Stadium deiner Selbst.

– Wer hat das Bild denn gemacht?
– Die Frauenärztin, mit einer Spezialmaschine. Zuerst hat sie Mamas Bauch mit einem kühlen Gel eingerieben und dann das Gerät entlanggeführt. Die Maschine gab dabei hohe, spitze Töne von sich, die dann aus Mamas Bauch zurückkamen, wie ein Echo. Das Echo wurde von der Maschine aufgefangen, und die hat die Schallwellen in ein Bild umgewandelt.
– Ja.
– So ganz verstehe ich es auch nicht.
– Wie hat die Maschine denn geschrien? Etwa so: Iiiiiiik! Iiiiiiik!?
– Ja, du kannst es ja mal ausprobieren, an meinem Bauch.
– Iiiiiiik! Iiiiiiik!
– Und? Was sagt der Bauch?
– Nix. Hör nur Blubbern.
– Kein Kind, oder so was?
– Quatsch, Papa. Männer kriegen doch keine Kinder.
– Stimmt. Hätte ich fast vergessen.
– Und das da, auf dem Bild, ist das ein Pippeli?
– Würde mich wundern, wohl eher die Nabelschnur. Auf der Aufnahme lässt sich noch nicht erkennen, ob du ein Junge oder ein Mädchen werden solltest.

War uns auch nicht wichtig. Beim besten Willen hätte ich nicht sagen können, was mir lieber gewesen wäre – Junge oder Mädchen. Wir nehmen, was kommt, das war die Einstellung. Der Pragmatismus der Hoffnungsfrohen. Dabei sein wollte ich natürlich trotzdem, bei der Ermittlung deines Geschlechts im Rahmen der V2. Keine Vorfreude ohne Vorsorge. Wir wollten schon möglichst genau wissen, wie es um dich bestellt ist und was uns mit dir erwarten würde, sind bereitwillig durch jede Kontrolltür marschiert, die uns die Krankenkasse kostenfrei aufhielt, vor allem die zum pränatalen Feinscreening, in dieser Praxis, die eher einem Raumschiff glich und in der wir dich, auf drei riesigen Plasmabildschirmen, die frei schwebend von der Decke ragten, fluoreszent gefärbt in Echtzeit zappeln sahen. Millimeterarbeit an deinem Schicksal war das, besonders an deiner Nackenfalte, so viel habe ich noch begriffen, als Kernindikator eines möglichen Gendefekts.

– *Hätte ich dann auch ein Junge werden können?*
– *Du nicht. Dann wärst du ja jetzt jemand anderes.*
– *Ja. Dein Sohn nämlich.*
– *Eben. Aber ich weiß, was du meinst. Wir konnten uns das nicht aussuchen, ob du ein Junge oder ein Mädchen wirst. Und wollten es auch gar nicht. Das entscheidet die Natur. Manche Kinder werden Jungen, manche Mädchen. Ein paar Wochen später, als wir wieder beim Arzt waren, ließ sich schon ganz deutlich erkennen, dass du ein Mädchen bist.*
– *Wie denn?*
– *Rate mal.*
– *Na an der Pimpsa!*
– *Genau. Wärst du denn lieber ein Junge?*
– *Nein. Nein. Ich will lieber ein Mädchen sein. Oder eine Frau. Damit ich eine Mama werden kann.*

– Dann sind ja alle zufrieden.

– Schau mal, Papa, mein Bauch, der ist so ein bisschen dick, ich glaube, da ist auch schon ein Kind drin.

– Lass mal hören. Das hat noch etwas Zeit, wenn du mich fragst.

Immer wieder kreiste der Arzt dich ein, belauschte dich, nahm dich ins Visier, vermaß dich aus jedem denkbaren Winkel, und mit jeder prüfenden Wiederholung stieg die Angst höher in uns empor. Wie war sie zu deuten, die tonlos vorgetragene Bitte, erst noch einmal im Wartezimmer Platz zu nehmen, um einen Bogen auszufüllen, der genaueste Fragen nach der genetischen Geschichte der Eltern und Elterseltern enthielt, als weitere Parameter in der komplexen Gleichung deines Restrisikos?

Es ist doch alles in Ordnung, nicht wahr? Ist es doch? Oder hätte die Natur mit der gleichen Gleichgültigkeit, mit der sie über dein Geschlecht bestimmte, auch andere Eigenschaften deines Werdens festgelegt, Eigenschaften, die es dir ein Leben lang verwehren würden, ein geordnetes Gespräch mit uns zu führen; oder nur ein einziges Mal, für dich, im Stillen, darüber nachzudenken, ob es mit dir und der Welt, in der du lebst, nicht auch ganz anders hätte kommen können; oder zu spielen, wie du jetzt spielst, in verschiedenen Rollen, als Herrin deines Puppenhauses.

Wir hatten vorher nicht darüber gesprochen. Hatten sie uns tunlichst verschwiegen, die Möglichkeit, dass uns eine Entscheidung über dich erwarten könnte; ein Gespräch, in dem wir Position zu beziehen hätten, wie wir gemeinsam leben wollen, unter welchen Umständen, mit wem und mit wem besser nicht, ein Gespräch, in dem wir unsere Haltung nicht nur äußern, sondern auch begründen und einander verständlich machen müssten, damit wir uns auch in Zukunft würden in die Augen sehen können – und wollen. Und in deine Augen, je nachdem. Ein Gespräch über unsere Lebensphilosophien. Eigentlich keine unmäßige Anforderung für zwei erwachsene Menschen, die sich entschieden haben, gemeinsam ein Kind in die Welt zu setzen. *Ein* Kind. Mit unbestimmtem Artikel.

Das Richtige zu tun, was hätte es in dieser Situation anderes bedeuten können, als sich auf eine Handlung zu einigen, die den Interessen, Wünschen und Ansprüchen aller von dieser Entscheidung Betroffenen in bestmöglicher Weise gerecht würde? Und deine damaligen »Interessen« als Fötus wären naturgemäß schlichter, also anders zu gewichten gewesen als die unsrigen, da wir doch über ein differenziertes Bewusstsein von uns selbst, unserem Leben und unserer Zukunft verfügten.

So steht es nachzulesen, in einem Buch des Philosophen Peter Singer, das den praktischen Titel *Praktische Ethik* trägt. Und hätte ich damals, auf der Suche nach moralischer Selbstbestimmung, das Buch erworben und im Register unter »Fötus« nachgeschlagen, wäre ich bald auf folgende Stelle verwiesen worden:

»Ich schlage daher vor, dem Leben eines Fötus keinen größeren Wert zuzubilligen als dem Leben eines nichtmenschlichen Lebewesens auf ähnlicher Stufe der Rationalität, des Selbstbewusstseins, der Bewusstheit, der Empfindungsfähigkeit usw. Da kein Fötus eine Person ist, hat kein Fötus denselben Anspruch auf Leben wie eine Person.«

Und ich stelle mir vor, dass ich die bange Frage deiner Mutter, was wir denn nun tun sollen, aus Unsicherheit um das eigene Wollen zunächst mit diesem philosophischen Zitat beantwortet hätte. Und ich stelle mir ferner vor, dass deine

Mutter, weil sie genauso schwankend, innerlich zerrissen und orientierungsbedürftig war wie ich, dasselbe Buch gelesen hätte und mir also, ebenfalls wortwörtlich zitierend, geantwortet hätte:

»Denn bei jedem fairen Vergleich moralisch relevanter Eigenschaften wie Rationalität, Selbstbewusstsein, Bewusstsein, Autonomie, Lust- und Schmerzempfindung und so weiter haben das Kalb, das Schwein und das viel verspottete Huhn einen guten Vorsprung vor dem Fötus in jedem Stadium der Schwangerschaft.«

Worauf ich, als gelehriger Student des Singer'schen Utilitarismus, nun vom Fötus auf den Fall eines schwer behinderten Neugeborenen zu sprechen gekommen wäre und zitiert hätte: »Was ist denn ein schwer behinderter Säugling? Er ist nicht selbstbewusst, rational oder autonom, und so sind Erwägungen des Rechts auf Leben oder der Respekt vor der Autonomie hier nicht angebracht.«

Und deine Mutter differenzierend angemerkt hätte, das Buch wortwörtlich im Kopf:

»Das Leben derer ..., die Bewusstsein, aber kein Selbstbewusstsein haben, hat dann einen Wert, wenn sie mehr Lust als Schmerz empfinden oder Präferenzen haben, die erfüllt werden können; doch es ist schwer einzusehen, warum man solche menschlichen Wesen am Leben erhalten sollte, wenn ihr Leben insgesamt elend ist.«

Ich vermag dir nicht zu sagen, ob der leibhaftige Peter Singer es tatsächlich für einen moralisch-philosophischen Fortschritt in der Geschichte der Menschheit hielte, sollte fortan jedes Elternpaar in solch einer Entscheidungssituation in genau dieser Weise miteinander sprechen – um daraufhin entsprechend zu handeln. Ich vermag mir nicht einmal vorzustellen, dass Peter Singer es über sich brächte, dieses Gespräch so oder auch nur ähnlich mit seiner eigenen Frau zu führen.

Denn es ist ein Gespräch, das weniger nach praktischer Vernunft als nach innerer Leere klingt. Wie ein Austausch zwischen moralischen Gespenstern. Und allein schon die Worte, in denen es seine Folgerungen mit aller Konsequenz findet, geben Anlass, noch einmal zu den Prämissen zurückzukehren, auf die sich die Folgerungen stützen.

Möglicherweise sollte es bei der Frage, was in dieser Situation zu tun ist, gar nicht um individuelle Interessenprofile und deren kühl kalkulierte Maximierung gehen. Wie hätten wir so eine Rechnung denn verantwortlich aufstellen sollen, wenn es darum geht, ob du Teil unseres Lebens werden solltest oder nicht? Was hätte sie anderes sein können als eine Lebenslüge in Zahlen?

Nein, richtig zu handeln, das bedeutet auch hier – gerade hier – aus Achtung zu handeln, aus Achtung vor sich selbst, der Menschheit in mir, niedergelegt in einer simplen und für jedes denkende Wesen nachvollziehbaren Formel, nach der ein Wille gut ist, sofern man von der Regel, die ihn bestimmt, zugleich wollen kann, dass sie auch ein allgemeines Gesetz werde. Oder, wie Immanuel Kant seinen kategorischen Imperativ auch formuliert: »Handle so, dass du die Menschheit sowohl in deiner Person als in der Person eines jeden anderen jederzeit zugleich als Zweck, niemals bloß als Mittel brauchst.«

Also, ganz konkret: Lass keine Person nur als Variable einer Kosten-Nutzen-Rechnung erscheinen, und fände diese Rechnung ihren Zweck tatsächlich darin, das Wohlergehen aller von einer Handlung Betroffenen zu maximieren. Weil die Menschheit in jeder Person steckt, in ihr verkörpert ist, und keine Person es wollen kann, von irgendeiner anderen Person

nur als Mittel benutzt und nicht auch als Zweck an sich ge-
achtet zu werden.

Aber von wie vielen (potenziellen) *Personen* hätten wir im konkreten Fall zu sprechen gehabt? Zwei, zweieinhalb, drei? Und
vor allem: Weshalb hätten deine Mutter und ich, nach einem
aufrichtigen Gespräch über unsere tiefsten Ängste, Wünsche,
Sehnsüchte, Stärken und Belastbarkeiten, wollen sollen, dass
die Handlungsregel, auf die wir uns bestimmt haben, ein *allgemeines* Gesetz werde? Wir wollten doch nicht Gesetzgeber spielen, sondern bloß ein Höchstmaß an gemeinsamer Klarheit erreichen, als Grundlage einer Entscheidung, deren Gründe und
Hintergründe so individuell bedingt und einzig gewesen wären,
dass es verrückt oder zumindest vermessen erschiene, sie anderen – *allen anderen!?* – als Gesetz vorschreiben zu wollen. Wie
kommen die anderen da überhaupt ins Spiel? Weshalb sollten
wir auch für sie sprechen können – und sie für uns? Gerade so,
als ob unser Gespräch nur dem Zweck gedient hätte, ein Echo
in unserem Inneren zu erzeugen, das uns zuruft: »Gut! Jeder andere vernünftige Mensch hätte genauso entschieden!«

Und mit was für einer menschlichen Stimme würde das Echo
wohl rufen: einer männlichen, einer weiblichen? Kein kleiner
Unterschied. Je nach Umstand.

   *– An wie viele Kinder hast du denn so gedacht, wenn du mal Frau
bist?*
   – Drei oder vier. Drei Mädchen und zwei Jungen.
   – Das sind aber fünf, also mindestens ein Kind zu viel.
   – Oh, dann zwei Jungen weniger.
   – Also nur Mädchen?
   *– Nein, vielleicht doch auch ein Junge. Ich weiß noch nicht. Ist mir
auch gar nicht so wichtig.*
   – Das klingt schon mal vernünftig.

HABT IHR MICH SO GEWOLLT, WIE ICH BIN?
Und weshalb das eine erstklassige Frage sein wird

»Auf den Schoß.« Eine Frage war das nicht. Auch keine Bitte. Du bist einfach gesprungen. In mich hinein. Auf mich drauf. Liegst eingekauert wie einst. Brauchst das noch. Jeden Tag. Kraft tanken. Und Wärme. Dich streicheln lassen. Und lausen, wie ein Äffchen.

– Meine Güte, sind aber ganz schön verfilzt, deine Haare hier hinten. Die sollten wir mal wieder ordentlich durchkämmen. Am besten mit deiner neuen Prinzessinnen-Bürste, was meinst du?
– Aber erst schmusen.
– Gut, erst schmusen, dann kämmen. Habe ich dir eigentlich schon einmal die Geschichte von Opas Traum auf der Lichtung erzählt?
– Nein, hast du nicht.
– Was? Das gibt es doch nicht. Dabei ist es die erste Geschichte, an die ich mich erinnern kann. Ich weiß es noch genau, so alt wie du war ich, als der Opa sie mir erzählte, und auf seinem Schoß saß ich, genau so wie du jetzt bei mir. Es ist allerdings eine sehr merkwürdige Geschichte. Willst du sie dennoch hören?
– Aber ja, erzähl!
– Also, als der Opa noch ein junger Mann war, so jung, dass er noch nicht einmal die Oma kennengelernt hatte, war er eines Tages, an einem schönen Sommerabend, von einem Badesee mit dem Fahrrad durch den Wald nach Hause gefahren, als er plötzlich eine Musik vernahm, fremdartig und schön, wie von einem gläsernen Glockenspiel. Neugierig geworden, was es damit wohl auf sich haben mochte, hielt er an, stellte sein Fahrrad am Wegesrand ab

und folgte der fremden Melodie. Tief und immer tiefer führte sie ihn in den Wald hinein, bis er schließlich zu einer wundersamen Lichtung gelangte. In allen Farben fiel das Licht dort auf den Waldboden, wie am Ende eines Regenbogens, nur heller noch und kräftiger, so bezaubernd schön und glitzernd, dass der Opa sich unwiderstehlich davon angezogen fühlte. Doch mit jedem Schritt, den er näher kam, um ins Licht zu treten, spürte er eine größere Müdigkeit in sich aufsteigen, bis er sich schließlich nicht mehr auf den Beinen halten konnte und in einen tiefen Traum fiel.

– Was hat er denn geträumt?

– In seinem Traum sah er, wie Kinder auf der Lichtung spielten und tanzten, viele Kinder, mehr, als er zählen konnte, und keines glich dem anderen. Mädchen und Jungen sah er dort, große und kleine, dünne und dicke, in allen Hautfarben und Verschiedenheiten, die du dir nur denken kannst. Und plötzlich bemerkte er, im Traum, wie eine Frau neben ihm stand, hochgewachsen und in einem wei-ßen Gewand. Sie sprach mit sanfter Stimme: »Wähle!«

Zuerst begriff der Opa nicht recht, was damit gemeint sein konn-te, doch dann wurde ihm klar, dass er sich ein Kind aus der Schar würde aussuchen dürfen. Und es gab ja da diesen Jungen, der ihm gleich aufgefallen war und der ihm besonders gut gefiel, besser als alle anderen Kinder. Er hatte blonde Haare, braune Augen und Som-mersprossen, bewegte sich schnell und gewandt, in der Nase bohren konnte er und sogar durch die Finger pfeifen, und er beschrieb ihn mir in allen Einzelheiten, der Opa, diesen Jungen in seinem Traum.

»Ruf ihn. Er wird dich hören!«, sprach da die Frau im weißen Kleid, und also rief der Opa: »Hier bin ich, Junge, hier bin ich! Komm zu mir!«

– Und was hat der Junge gemacht?

– Er freute sich, begann zu lachen, strahlte über das ganze Ge-sicht und rannte los, als ob er nur auf diesen Ruf gewartet hätte, mit weit geöffneten Armen, direkt auf den Opa zu. Doch genau in

dem Moment, als der Opa den Jungen fest in seine Arme schließen wollte, erklang ein lautes Donnern und Dröhnen, und der Opa
fand sich auf dem Waldboden wieder, erwacht aus seinem Traum.
Die Musik war verstummt, das schillernde Licht erloschen.

Also stand er auf und ging zurück zu seinem Fahrrad, ganz ver-
wirrt und aufgewühlt von dem Erlebten, das kannst du dir sicher
vorstellen, und doch so glücklich und innerlich zufrieden, wie er es
nie zuvor in seinem Leben gewesen war.

– Weshalb war er denn so glücklich?

– Weil er im Herzen wusste, dass ihm in diesem Traum der Sohn
erschienen war, den er später einmal haben würde. Und so ist es
dann auch geschehen. Denn ich, hat der Opa mir damals auf seinem Schoß erklärt, würde ja tatsächlich genauso wie der Junge auf
der Lichtung aussehen, ihm in allen Einzelheiten gleichen – mit
meinen blonden Haaren, braunen Augen und Sommersprossen.

– Komische Geschichte.

– Aber weißt du, was das Merkwürdigste daran ist?

– Nein, was denn?

– Aber das bleibt unser Geheimnis, versprochen?

– Versprochen.

– Als ich dann selbst schon ein junger Mann war, begab es sich,
dass auch ich an einem schönen Sommertag so ganz allein mit dem
Fahrrad vom See durch den Wald nach Hause fuhr. Und plötzlich,
ich konnte es selbst kaum glauben, hörte auch ich so eine Musik,
fremd und schön, tief aus dem Wald. Und natürlich bin auch ich
ihr gefolgt, so wie der Opa damals.

– Wirklich?

– Aber ja, wenn ich es dir doch sage. Allerdings habe ich mir in
meinem Traum keinen Jungen ausgesucht, sondern ein kleines
Mädchen. Es stand da, auf der Lichtung, ich weiß es noch wie
heute, ein wenig abseits der anderen ...

– Wie sah es denn aus?

Und wie ich dir das Mädchen aus meinem Traum beschreibe (»Genau so wie ich! Genau wie ich!« – »Jaja, stell dir das mal vor!«), wollte ich zwar nicht beschwören, dass du jedes meiner Worte für bare Münze nimmst, aber auch du hörst sie gern genug, deine Geschichte. Du begreifst, was sie dir sagen will. Und nicht einmal in deinen dunkelsten Kinderträumen, hoffe ich, würde es dir einfallen zu fragen: Aber was, mein lieber Vater, wenn ich ganz anders ausgesehen hätte als das Mädchen in deinem Traum? Hättest du mich dann weniger gewollt, weniger lieb?

Du bist noch wunderbar blind für diese Frage. So blind wie ich für eine mögliche Antwort. Die gleiche Geschichte hätte ich dir erzählt. Mit dir. Immer mit dir. Darin besteht unser Geheimnis.

Und doch müsste ich selbst noch ein Kind sein, um die Augen vor der Aussicht zu verschließen, dass es schon bald Eltern geben wird, die ihren Kindern mit dem Satz »Wir haben dich genau so gewollt« keine unbedingte Bejahung mehr mitteilen, sondern mit ihren Worten zunächst und vor allem einen Sachverhalt benennen: etwas, das schlicht und einfach der Wirklichkeit entspricht, dass es also bald Väter geben wird, die ihren Kindern auf dem Schoß keine Geschichten und Mythen mehr erfinden müssen, sondern ihren Sprösslingen stattdessen, mit einem genetischen Design-Katalog auf den Knien, die wahren Ursachen und Gründe ihres Soseins erhellen.

Ich kann nicht anders, als zu denken, dass sich diese Eltern – was auch immer sonst man ihnen vorwerfen könnte – um etwas betrogen hätten. Und zwar nicht um irgendetwas, sondern um eine Erfahrung am Grunde des Menschlichen.

Ich hatte es ja oft gelesen – und vielleicht sogar schon davor begriffen –, dass wir Menschen unsere Freiheit genau in dem finden und erfahren, was uns nicht zu Willen ist. Dass unsere Fähigkeiten, einen neuen Anfang in die Welt zu setzen – die Welt und uns selbst handelnd zu gestalten –, immer auf ein Geflecht von Voraussetzungen und Gegebenheiten verwiesen bleiben muss, über das wir nicht verfügen. Oder, wie Martin Heidegger es sagt, dass »der Mensch nie unendlich und absolut im Schaffen des Seienden selbst [ist], sondern er ist unendlich im Sinne des Verstehens des Seins«. Und dass in der Annahme dieser Endlichkeit der eigentliche Witz unseres Daseins besteht – sollte es überhaupt einen haben.

An sich keine spektakuläre Einsicht. Auf unzählige Weise zu erfahren und zu begreifen, jeden Tag, am eigenen Leib – oder am Leibe anderer. Beim Kämmen meiner Haare, zum Beispiel. Oder deiner. (Ich muss an den Magnetsticker auf dem Kühlschrank einer guten Freundin denken: »How can I control my life if I can't control my hair?«)

Aber niemals ist mir die Wucht dieser Wahrheit für unser Leben klarer vor Augen getreten als bei deiner Geburt. Denn das warst du in dem Moment, in dem du das Licht der Welt erblickt hast: ein neuer Anfang. Und keinem Mensch stand es zu Gebot, dich genau so gewollt zu haben. Und so war es an uns, den Anfang, der du warst, in seinem Sosein anzunehmen, ihn zu bejahen, Sorge für ihn zu tragen, ihm einen Platz in unserer Welt einzuräumen. Eine Erfahrung, die nach Heidegger auf der Bereitschaft eines »freien sich Gebens« beruht, worin für ihn immer auch »eine Angewiesenheit auf ein Hinnehmen« liegt.

Und um eben jene Erfahrung am Grunde unserer Beziehung, denke ich, hätten sich die Eltern eines genetisch durchdesignten Kindes aus eigenem Willen gebracht und betrogen.

Zwar wollten auch sie ein Kind, aber nach Möglichkeit kein »Angewiesensein auf ein Hinnehmen«. Sie wollten eine andere Lebensform, eine andere Art der Sorge – eine andere Welt, nichts weniger. Eine Welt, in der Menschen nicht gezeugt, sondern gefertigt werden, nicht empfangen, sondern bestellt, eine Welt, die gute Hoffnung durch bestimmte Erwartung ersetzt, das Erkunden durch das Abhaken; eine Welt, in der sie auf einen Schuldigen würden zeigen können, für den Fall, dass die Träume platzen. Und dieser Schuldige sollte nach Möglichkeit nicht sie selbst sein und auch nicht ihr Kind, sondern ein anderer Mensch. Sie wollten ein Leben mit Schadenersatz und Geld-zurück-Garantie, ein lupenreines Alibi für ihre eigene Unvollkommenheit. Sie wünschten sich, mit anderen Worten, im Herzen nichts sehnlicher, als keine Menschen zu sein. Keine von uns. Für ihr Kind wünschten sie sich das. Es sollte es einmal besser haben.

– *Süße, so schön bist du nun auch wieder nicht, dass du dich stundenlang im Spiegel bewundern müsstest.*
– *Doch, ich bin sehr schön, ich bin nämlich eine Prinzessin.*
– *Was machen Prinzessinnen eigentlich den lieben langen Tag? Ich habe das nie so richtig begriffen.*
– *Sie sind Prinzessinnen. Manchmal heiraten sie. Und sie kämmen sich und ziehen schöne Kleider an und tanzen auf Bällen und werfen goldene Kugeln in den Brunnen.*
– *Klingt aber ziemlich langweilig auf die Dauer. Man kann schließlich nicht jeden Tag heiraten. Nicht mal als Prinzessin.*
– *Gar nicht langweilig. Und mein Prinzessinnenkleid nehme ich mit, morgen, auf die Reise nach Poopipääpi, damit ich schön bin, für den Prinz.*
– *Ich dachte, in Poopipääpi gibt es keine Prinzen. Schwester Maja mag doch keine Jungs, hast du gesagt.*

– Doch, Prinzen gibt es. Die mag sie.

– Aber überleg doch mal, wie umständlich das wird, im Zug, mit dem langen Kleid, und erst auf dem Pony, da wird das Kleid bestimmt schmutzig. Ich kann mir nicht vorstellen, dass der Prinz sich eine Prinzessin mit einem Fleck auf dem Kleid zur Frau nehmen will.

– Dann packe ich das Kleid eben in den Rucksack und ziehe es an, wenn wir angekommen sind.

– Da passt es aber nicht mehr hinein, oder du musst deine liebsten Plüschtiere zu Hause lassen.

– Die müssen aber mit!

– Beides geht nicht. Da musst du dich entscheiden.

– Will aber!

– Überleg es dir einfach noch mal. Ist ja noch etwas Zeit bis dahin.

– Will aber!

Und wie du so mit dem Fuß auf den Boden stampfst, aus Wut über dich selbst und die Wirklichkeit als solche deine Plüschtiere in alle Ecken des Zimmers pfefferst, kann ich nicht anders, als mir vorzustellen, dass die Design-Eltern der Zukunft mit ihrer Brut nach Maß am Ende den gleichen alltäglichen Erziehungskampf zu führen hätten, mit all den Mini-Konflikten, Eskalationen und Versöhnungen. Erziehen müssten auch sie ihre Kinder. Tag für Tag.

Und weshalb eigentlich sollten sie sich ihre Gefühle von meinen Begriffen vorschreiben lassen? Warum sollte ihre Zuneigung weniger tief und aufrichtig, ihre Geduld geringer, ihre Liebe zum Kind bedingter sein? Wieso sollten sich ihre Kinder beim gemeinsamen Durchblättern des genetischen Katalogs weniger angenommen, gewollt, frei fühlen? (»Genau wie ich, schau mal!« – »Jaja, genau wie du, weißt du, wir wollten einfach nichts dem Zufall überlassen, weil wir dich so lieb haben!«) Ich muss mir diesen Vater doch nicht als gewissenloses Eugenik-Monster, seelenkranken Narziss oder von Ehrgeiz zerfressenen Überflieger vorstellen. Vielleicht ist er ein ganz normaler, bodenständiger, grundvernünftiger Mensch, der sich bei seiner Entscheidung zur genetischen Optimierung gemeinsam mit seiner Frau von einer ganz einfachen Maxime leiten ließ: Das Beste für unser Kind!

Eine Regel, von der er glaubt, aus vollem Herzen wollen zu können, dass sie ein allgemeines Gesetz werde (er denkt da ganz besonders an Kants fünfte Version des Kategorischen Imperativs: »Handle so, dass die Maxime deiner Handlung durch deinen Willen zum allgemeinen Naturgesetz werden sollte!«). Ich bin es, der sein Kind als Zweck an sich ehrt und anerkennt, will er ausrufen. Ich bin es, der die Menschheit in ihm ehrt, ihre vielfältigen, wundervollen, unerschöpflichen Talente und Möglichkeiten! Nach seinem eigenen Willen soll mein Kind sein Werden gestalten, es soll sich und andere zur Freiheit und Autonomie und Vielfalt erziehen – aber das, bitte schön, mit den besten genetischen Voraussetzungen, die uns sichere Technologien auf dem freien Markt ermöglichen.

Weshalb, wird er fragen, sollte es denn nicht im Interesse jeder zukünftigen Person sein, mit den bestmöglichen Anlagen das Licht der Welt zu erblicken, als Voraussetzung eines selbst gewählten Lebenswegs, des ganz persönlichen Strebens nach Glück und Erfüllung? Warum sollte ich mich gerade dort, wo es meine Familie – uns alle – im Kern betrifft, für unmündig, unzuständig erklären, die Augen vor einer Möglichkeit verschließen, die der Mensch selbst sich eröffnet hat? Das käme mir wahrhaft verantwortungslos vor, ja fast als so etwas wie unterlassene Hilfeleistung.

Ich weiß, diesen Menschen der Zukunft wird es geben. Wenn nicht mehr in meinem, dann doch in deinem Leben. Kinder wird er in die Welt setzen, nach seinem Willen. Wenn nicht schon morgen, dann doch übermorgen. Dieser Vater der Zukunft könnte – warum denn nicht – der Mann sein, den *du* lieben, dem du vertraust, mit dem du eine Familie gründen willst – und das bestellte Modell mein Enkelkind, in dreißig Jahren, auf meinem Schoß.

Eine Geschichte will es hören, vom Opa. Nichts natürlicher als das.

Und wenn nicht dein Kind, dann eben das einer deiner Freundinnen aus dem Kindergarten. Dein Mann und du, ihr habt die Dinge ihren natürlichen Gang gehen lassen. Aber sie nicht. Die haben eben etwas anderes für sich und die ihren gewollt.

– Schönes Kleid, Prinzessin, ist das für den Abschlussball?

– Ja, aber es passt nicht. Und es steht mir auch nicht. Kein Kleid steht mir. Ich sehe furchtbar aus.

– Mir gefällst du.

– Aber den anderen nicht. Die lachen über mich. Sieh mich doch einmal an!

– Ich finde, jetzt machst du dich wirklich kleiner, als du bist.

– Aber ich bin klein! Und pummelig. Und das ist eure Schuld! Eure Schuld!

– Was redest du denn?

– Da hängt er an der Wand, der Beweis. Ihr habt es ja sogar eingerahmt, ihr »stolzen Eltern«, mein erstes Ultraschallbild. Da war es schon zu spät!

– Zu spät wofür?

– Na ganz einfach, einen erstklassigen Menschen aus mir zu machen. Ihr hättet dafür sorgen können, dass ich anders aussehe,

mehr Talente habe, schöner bin, so wie andere Eltern es damals auch getan haben.

– Aber das wollten wir nicht. Wir wollten dich – genau so, wie du bist.

– Aber ihr wusstet doch gar nicht, wer und was ich sein würde, wie könnt ihr da mich gewollt haben? Das ergibt doch überhaupt keinen Sinn!

– Wir wollten dich, wer immer du sein würdest.

– Warum gibst du nicht einfach zu, dass ihr euch damals kein besseres Kind leisten konntet, dass euch schlicht und einfach das Geld gefehlt hat, mich proaktiv zu optimieren?

– Weil es nicht so war. Mit Geld hatte das gar nichts zu tun.

– Umso schlimmer. Du glaubst ja nicht mal an Gott!

– Was soll das denn jetzt?

– Wenn es religiöse Gründe gewesen wären, dann könnte ich es sogar noch verstehen, dass ihr euch verweigert habt, aber so ...

– ... so verstehst du es nicht, weil ich nicht Gottes Geboten, sondern eigenen Überzeugungen gefolgt bin, meinen Überzeugungen davon, was Menschen tun, sein, sich zumuten sollten und was nicht.

– Du könntest dich ja schließlich irren!

– Du könntest dich auch irren, wie diese Idioten in deinem Tanzkurs, die über dich lachen.

– Du musst ja nicht mit ihnen leben, mit ihnen in die Schule gehen, dich jeden Tag von ihnen auslachen, erniedrigen und übertreffen lassen. Eure Generation versteht das doch gar nicht ...

– Wenn wir dich hätten designen lassen, dann hätten wir Gott gespielt, hätten uns für unfehlbar erklärt, uns über dich erhoben, über deine Gestalt, über dein Selbst bestimmt, es festgelegt, ohne dich jemals gefragt zu haben, was du willst! Wir wollten, dass du unbelastet aufwächst, deinen eigenen Weg findest, für dich, dass du zum Autor deiner eigenen Geschichte wirst, nicht der unseren.

– Und so hat also keiner darüber entschieden, so habt ihr es der genetischen Lotterie überlassen. *Danke schön! Als ob die Natur, der Zufall oder der liebe Gott mich vorher gefragt hätten, wie ich aussehen will. Ich kann da für mich keinen Vorteil erkennen, und auch keinen Freiheitszuwachs, tut mir leid.*

– Aber wonach hätten wir uns denn richten sollen, damals? Nach den Moden der Zeit? Die halten kein Leben lang. Oder nach unseren eigenen Wünschen und Vorlieben? Das hätten nicht deine sein müssen. Dann stündest du jetzt hier und würdest mich beschuldigen, wie ich nur auf die Schnapsidee kommen konnte, du wolltest bloß 1,82 Meter werden und nicht doch 1,92, oder dass du lieber eine Zahnlücke gehabt hättest, weil das gerade angesagt ist, oder einen extrem langen Hals, wie dieses dämliche Huhn aus der Castingshow ...

– ... *Sister Maja!*

– ... ist doch völlig egal, wie die heißt. Oder vielleicht eine leicht dunkle Pigmentierung, weil ich damals für diesen Präsidentschaftskandidaten geschwärmt habe?

– *Es gibt Eigenschaften und Talente, die nie aus der Mode geraten, das weißt du so gut wie ich.*

– So, welche denn?

– *Intelligenz zum Beispiel, Erinnerungsvermögen, musische Begabung, Geduld, Humor, einen geringen Körperfettprozentsatz, geordnete Proportionen ...*

– Sonst noch was?

– *Sprachtalent, Ballgefühl, keine Krebsgene und keine für Alzheimer, keine depressive Veranlagung, ja, und wenn du es genau wissen willst, lange Beine, gute Zähne, reine Haut ... Soll ich weitermachen?*

– *Mir scheint, es hätte vor allem ein wenig mehr Charakter sein sollen.*

– *Das auch, meinetwegen. Es wäre eure Pflicht gewesen, mir und meinem Leben gegenüber. Ihr sagt doch immer, dass ihr nur das Beste für mich wollt.*

– Das stimmt auch.

– Aber als es wirklich darauf ankam, habt ihr es ganz offensichtlich nicht gewollt! Da habt ihr meine Zukunft irgendeiner hinterwäldlerischen Weltanschauung geopfert, irgend so einer Hüttenromantik: Geschenk, Geworfenheit, Offenheit, Annahme, Dasein ... Wenn ich dieses Geraune schon höre ... In was für einer Welt lebt ihr eigentlich?

– In der gleichen wie du, hoffte ich.

– Ihr wart einfach zu feige, zu verbohrt, zu altmodisch, zu arm – oder alles zusammen. Was weiß denn ich.

– Es tut mir leid, dass du so sprichst. Und es tut mir weh. Geh jetzt bitte in dein Zimmer, ich möchte dich heute nicht mehr sehen. Geh, bitte!

– Und mir tut es leid, dass ihr meine Eltern seid!

– ... Papa, hey, Papa!

– Was denn?

– Nicht einschlafen, nicht ein-schla-fen!

– Ich habe doch gar nicht geschlafen, nur ein bisschen vor mich hin gedöst.

– Hast du was geträumt?

– Nicht der Rede wert, oder, lass mich mal überlegen, doch, ich habe geträumt, dass es schon halb acht ist und wir jetzt ins Bett gehen müssen.

– Nein, das hast du nicht geträumt.

– Aber halb acht ist es trotzdem. Daran lässt sich nichts ändern.

– Ich möchte heute im Prinzessinnenkleid schlafen! Darf ich?

– Nein, kommt nicht in Frage. Geschlafen wird im Schlafanzug.

– Ich möchte aber. Bitte! Bitte!

– Nein, Schlafanzug an, aber dalli! Wir haben morgen eine weite

Reise vor uns, schon vergessen, da müssen wir gut ausgeschlafen sein.

– Aber erst Zähneputzen.

– Au ja, Zähneputzen. Ganz wichtig! Mit der Prinzessinnenzahnbürste. Sonst hast du später einmal schlechte Zähne – und ich bin schuld. Das willst du doch nicht, oder?

– Nein, das will ich nicht.

– Na also, dann haben wir uns ja verstanden.

WER ERZÄHLT DIESE GESCHICHTE?
Und warum es so schön ist, dieser Frage nachzugehen

Noch einen Zentimeter näher und deine Nase berührt die Seite. Als ob du hineinkriechen wolltest in die Geschichte, am liebsten sofort mit einziehen in das Haus des kleinen Bären und des kleinen Tigers, dort unten am Fluss, wo der Rauch aufsteigt.

> – *Liebes, so kann ich nichts mehr sehen. Und wenn ich das Buch nicht sehen kann, kann ich nicht daraus vorlesen. Das habe ich dir schon tausendmal erklärt.*
> – *'tschuldigung, wollte mir ja nur den Schornstein kurz etwas genauer angucken.*

Zwei Seiten in zehn Minuten. In dem Tempo schaffen wir es heute nicht mehr nach Panama. Keine Chance. Dabei wollen der kleine Bär und der Tiger da unbedingt hin. In der Geschichte. Samt Tigerente. Geduld. Geht doch alles seinen gewollten Gang. Jeder Satz der Geschichte ruft eine Frage über die sogenannte Wirklichkeit hervor. Wie funktioniert ein Schornstein? Was ist Waldbeerenkompott? Und natürlich: Wo ist Panama?
Die Realität mit der Fiktion erklären, wie es Väter seit Urzeiten tun. Nichts könnte uns Menschen geläufiger sein ...
Nur beim Thema Panama verspüre ich Zweifel. Ob das Land wohl auch in einer Welt, in der Bären kochen und Tiger Pilze sammeln, mitten in Mittelamerika liegt?

– Am besten, wir fragen jemanden, der sich damit auskennt. Die im Buch wissen das bestimmt. Also weiterlesen?

– Ja, weiterlesen.

Gesagt, getan. Der kleine Bär und der kleine Tiger ziehen los und fragen ihre Freunde, wo Panama ist. Aber keiner kennt sich aus. Nicht der Hase, nicht der Fuchs und nicht der Igel. Trotzdem tun alle so, als wüssten sie genau Bescheid, und geben unseren Helden dann irgendeine Antwort. Und bereits auf Seite sechs haben die beiden sich hoffnungslos verlaufen. Dir gefällt das. Mir auch. Von Mitleid keine Spur.

Jetzt ziehen auch noch Wolken auf. Und das Wasser tropft vom Himmel. Und tropft und tropft.

»Wenn bloß meine Tiger-Ente nicht nass wird«, sagte der kleine Tiger, »dann fürchte ich mich vor nichts.«

Wo habt ihr denn euren schönen Regenschirm, kleiner Bär und kleiner Tiger? – Hängt zu Hause an der Tür. Jaja!*

– Den Regenschirm vergessen. Ist doch jedem von uns schon einmal passiert, nicht wahr?

– Ja, ja, aber, Papa, wer sagt denn das?

– Wer sagt was?

– Na, das mit dem Regenschirm.

– Du meinst, wer da im strömenden Regen zum kleinen Bären und dem kleinen Tiger spricht?

– Ja.

– Na, vermutlich derjenige, der sich die Geschichte ausgedacht hat. Der Autor des Buches. Sein Name steht auf dem Einband. Siehst du, hier, ganz oben. Er heißt Janosch.

---

* Aus: Janosch, *Ach wie schön ist Panama*, Weinheim 1996.

– *Das ist aber ein lustiger Name.*

– *Soll auch lustig klingen. Janosch ist ein Künstlername.*

– *Was ist denn ein Künstlername?*

– *So etwas Ähnliches wie ein Spitzname. Nur eben für Menschen, die Künstler sind.*

– *Und wie heißt der Janosch in echt?*

– *Weiß ich nicht. Vielleicht Horst. Oder Karel.*

– *Und Janosch ist sein Spitzname?*

– *So nennt er sich, wenn er Bücher schreibt. Ist gar nicht schwierig. Du könntest dir zum Beispiel für den Kindergarten einen Bildermalnamen zulegen.*

– *Welchen denn?*

– *Denk dir einfach einen aus!*

– *Maja!*

– *Gut. Damit sind von heute an alle Bilder, die du malst, Werke der großen Malerin Maja.*

– *Aber Papa, dann weiß doch keiner mehr, dass ich die Bilder gemalt habe.*

– *Ich schon. Ich weiß ja, dass Maja dein Bildermalname ist.*

– *Möchte ich nicht.*

Das kann ich nachvollziehen. Aber wenigstens weißt du jetzt, wer hinter dieser Geschichte steckt: ein Horst, der sich Janosch nennt. Der hat sich das Abenteuer ausgedacht und dann aufgeschrieben. Möglicherweise hat er sich die Geschichte auch erst beim Schreiben ausgedacht. Oder er hat sie geträumt und dann aufgeschrieben. Oder er hat sie einfach aufgeschrieben, ohne darüber nachzudenken. Bei Menschen mit Künstlernamen weiß man das ja nie so genau.

Ist im Grunde auch egal, was er sich dabei gedacht hat. Egal für uns beide jedenfalls. Wir, auf unserem Vorlesesofa, haben doch alles, was wir für den Moment brauchen: das Buch, die

Geschichte, den Text. Schwarz auf weiß gedruckt, direkt vor unserer Nase, mit bunten Bildern.

Die Zeichen sprechen für sich. Die brauchen keinen Autor mehr. Die kommen hervorragend allein zurecht. Wäre ja auch noch schöner. Denn wer weiß, vielleicht ist Janosch gar kein Mann, sondern eine Frau. Oder der Name für ein ganzes Künstlerkollektiv, auf einer abgelegenen Ranch in Mallorca. Wen kümmert's, wer das schrieb und weshalb? Würde das irgendetwas an der Geschichte ändern? An ihrem Wert? An ihrer Bedeutung? Für dich? Bestimmt nicht.

– *Warum interessiert dich das denn, mit dem Autor?*
– *Einfach so, damit ich weiß, wer es ist.*

Einfach so. Der Embryo einer Antwort. Als ob es so etwas wie interesselose Neugier gäbe.

Ich sage es nicht gern, aber deine Frage ist nicht annähernd so unschuldig, wie du glaubst – vielmehr symptomatisch für unsere Epoche! Jahrtausendelang, weißt du, fragte kein Mensch nach Autoren. Da gab es nur Geschichten und Menschen, die diesen Geschichten ihre Stimme liehen – so wie ich dieser Geschichte vom kleinen Bären. Autoren, die Frage nach ihnen, gibt es erst, seit Bücher massenweise gedruckt und verkauft werden. Der Autor ist ein Produkt des Buchmarkts, eine imaginäre Gestalt, die der Markt sich geschaffen hat, um seine Produkte besser platzieren zu können. Deswegen wird die Frage nach dem Autor auch jeden Tag wichtiger, ja sind es mittlerweile hauptsächlich Autoren, die gekauft und verkauft werden, nicht mehr Bücher und Geschichten, weshalb die Gestalt des Autors – wie ein Autor namens Roland Barthes schrieb, der mit dieser These sehr berühmt wurde – »Symptom und gleichzeitig Höhepunkt der kapitalistischen Ideologie« ist und außerdem der Ausfluss eines »schalen Positivismus«.

Denk doch nur mal an all die Zeitschriften, deren Inhalt und Existenzgrundlage in nichts anderem besteht, als Autorenbilder zu zeigen, Autoreninterviews abzudrucken, den Autor zu Hause zu besuchen, seine Bibliothek zu fotografieren – oder am besten seine gesamte Familie. Um ihn bei der Gelegenheit auch gleich zu fragen, was er sich so gedacht hat, als er das jetzt neu auf dem Markt erschienene Buch schrieb, und was er seinem Publikum damit eigentlich hat sagen wollen. *Als ob das nicht im Buch stünde!*
Bereits wer die Frage nach dem Autor stellt, entlarvt sich damit als hörig gewordener Diener eines Systems, das ganz bewusst darauf abzielt, die breite Masse der Lesenden und sogar der Autoren selbst auf dem theoretischen Niveau von Fünfjährigen zu halten – um sie nach ihrem Gusto erziehen, manipulieren und kontrollieren zu können. Kannst du später alles einmal selbst nachlesen, wenn du erwachsen bist. Bei Autoren wie Michel Foucault oder Jacques Derrida. Echte Theoriefüchse sind das. Aus Frankreich. Gleich bei uns um die Ecke.

– Leider weiß ich nichts Näheres über diesen Janosch. Wer er ist. Und wo er lebt.
– Ist nicht so schlimm.
– Aber wir können ja versuchen, uns vorzustellen, was für ein Mensch diese Geschichte wohl geschrieben haben mag. So ähnlich wie der kleine Bär sich Panama vorstellt, obwohl er nicht mehr hat als eine Kiste, auf der Panama steht und die nach Bananen riecht.
– Glaubst du, Janosch riecht auch nach Bananen?
– Nein, ich glaube eher, er lebt in einer kleinen Hütte und riecht nach Waldbeerenkompott ...

– ... und hat so einen komischen Schlapphut auf dem Kopf!

Möglich wär's. Gut möglich sogar. Irgendwer wird es schon geschrieben haben, dieses Buch, so viel ist mal sicher. Und auf irgendeine Weise steckt er deshalb auch zweifellos mit drin in diesem Buch, der Janosch – oder wer immer es sein mag, der seinen Namen trägt. In jedem Satz ist er präsent. In allem, was der kleine Bär sagt, der Tiger und auch der Erzähler.

Und das war ja wohl, wie ich erst jetzt begreife, deine eigentliche Frage: Nicht, wer dieses Buch *geschrieben* hat, sondern, wer den kleinen Bären und den kleinen Tiger *in* der Geschichte nach dem Regenschirm fragt.

– Weißt du, wenn ich es mir genau überlege, ist es nicht Janosch, der das mit dem Regenschirm sagt.
– Nicht Janosch? Wer denn?
– Der Erzähler dieser Geschichte sagt das.
– Und wer ist das?
– Kann ich dir nicht genau sagen. Steht nicht im Text. Janosch hat ihm keinen Namen gegeben.
– Kann der kleine Bär den Erzähler hören?
– Sieht nicht so aus.
– Und warum sagt er es dann?
– Damit kleine Kinder sich erinnern, ihren Regenschirm mitzunehmen, wenn sie auf Reisen gehen.

Du starrst auf das Bild.

Ich wünschte wirklich, ich könnte es dir erklären. Aber glaub mir, die meisten Menschen begreifen es nie. Wie die beiden nun genau miteinander zusammenhängen, der Autor und der Erzähler – unsere Welt und die im Buch. Und dein Vater ist einer von ihnen.

– *Ach, Papa, jetzt lies doch weiter.*
– *Mach ich.*

Aus Panama wurde natürlich nichts. Bei all den falschen Wegweisern und widersprüchlichen Hinweisen, die sie von ihren Freunden erhielten, sind der kleine Bär und der kleine Tiger in Wahrheit im Kreis gelaufen – und am Ende wieder in ihrer eigenen Hütte gelandet, unten am Fluss, wo der Rauch aufsteigt.

Du meinst, dann hätten sie doch gleich zu Hause bleiben können?
Du meinst, dann hätten sie sich den weiten Weg gespart?
O nein, denn sie hätten den Fuchs nicht getroffen, und die Krähe nicht.
Und sie hätten den Hasen und den Igel nicht getroffen, und sie hätten nie erfahren, wie gemütlich so ein schönes, weiches Sofa ist.[*]

Und das ist wirklich ein verdammt schöner Schluss für diese Geschichte. Ganz egal, wer sie nun verzapft hat.

[*] Aus: Ebenda (siehe Fußnote auf S. 50).

II. ALLES IN ORDNUNG?

In der Kindererziehung gar wollen wir nichts anderes als in Ruhe gelassen werden, kurz, das brave Kind züchten und achten sehr wenig darauf, ob dieser Entwicklungsgang dem Kinde auch frommt.

Sigmund Freud, *Analyse der Phobie*
eines fünfjährigen Knaben

SCHAUT UNS DER LIEBE GOTT GERADE ZU?
Und warum diese Frage wahre Wunder wirkt

Was soll ich bloß machen, damit du groß und stark wirst? Du kannst dich schließlich nicht dein ganzes Leben von Salamibrot ernähren. Anbieten, immer wieder anbieten. Das kann ich. Hartnäckig bleiben, dir die Sache möglichst schmackhaft machen. Aber am Ende hilft alles nichts. Da muss es von dir kommen, aus dir heraus, das Bedürfnis, einfach mal was Anständiges zu dir zu nehmen.

– Was gibt es denn heute?

– Du, ganz was Feines. Und Lustiges: Eine Fleischsuppe, mit Buchstaben drin!

– Juhu, das mag ich!

– Das sagst du jedes Mal. Und lässt dann doch die Hälfte stehen.

– Aber heute nicht!

– Dein Wort in Gottes Ohr.

– Wieso denn Gottes Ohr? Komisch.

– Ist nur so eine Redensart.

– Papa, warum beten wir eigentlich nicht vor dem Essen, so wie bei Tante Gisela?

– … Iss jetzt mal, sonst wird die Suppe kalt. Und schön vom Rand löffeln. Da ist es nicht so heiß.

– Tante Gisela sagt, man muss den Teller immer leer essen.

– Richtig. Sehr richtig. Hat sie dir auch erklärt, weshalb?

– Weil der liebe Gott uns zuschaut, und weil er will, dass Kinder ihren Teller leer essen.

– Und was geschieht, wenn du nicht alles aufisst?

– Dann wird der liebe Gott traurig.

– Und der Papa wird traurig! Nicht vergessen, der Papa auch!

– Ja. Aber du machst kein schlechtes Wetter.

– Das stimmt.

– Wenn der liebe Gott traurig ist, muss er nämlich weinen, und dann regnet es. Der liebe Gott macht das Wetter, er hat überhaupt alles gemacht, die ganze Welt und alles darin, jedes Tier und jeden Menschen, jede Pflanze, das Meer und die Berge. Auch mich, sagt die Tante Gisela. Deswegen hat er mich auch so lieb und will, dass ich den Teller leer esse.

Die gute Gisela. Jede Geschichte ein kleiner Gottesbeweis. Klingt ja auch ganz vernünftig. Wir machen den Regen wirklich nicht. Andererseits wird es schon seinen jeweiligen Grund haben, weshalb es regnet. Oder zumindest seine Ursache. Und diese Ursache ist natürlich nichts anderes als die Wirkung einer anderen Ursache ... Und irgendwann muss es ja schließlich mal angefangen haben, mit der Welt, dem Universum, alldem, was ist. Also muss es irgendwann einmal eine ganz besondere Ursache gegeben haben, der keine weitere Ursache vorausging, sondern die – irgendwie – aus sich selbst heraus wirksam wurde: ein Grund, auf dem alles gründet, ein unbewegter Beweger, oder wie auch immer man es nennen will. Und wenn es diese allererste Ursache gab, dann – da lässt sich Tante Gisela schwer widersprechen – hat diese *Ur-Sache* in gewisser Weise tatsächlich alles geschaffen, was es gibt. Gisela nennt sie Gott. Damit ist sie nicht allein.

So weit gedacht, muss Gisela eigentlich nur noch die Augen aufmachen, und sie erblickt eine Welt, die im Großen und Ganzen den Eindruck hinterlässt, als sei sie fein geplant und bestens aufeinander abgestimmt. Da muss doch, denkt Gisela, Vernunft dahinterstecken. Eine Art Plan. Und wo ein Plan ist, da ist auch ein Planer. Planen aber lässt es sich am besten von ganz oben. Und natürlich empfindet ein Schöpfer etwas für seine Geschöpfe; wie ein Vater eben etwas empfindet für seine Kinder.

An diesem potenziell alles und jedes erklärenden Weltmodell ist absolut nichts auszusetzen – mal abgesehen davon, dass es zu ihm eine schwer überschaubare Anzahl von mindestens ebenso vernünftigen Alternativen gibt. Und es also nichts erklärt. Und nichts beweist. Jedenfalls nicht das, was es soll: nämlich die Existenz Gottes.

Weshalb, um alles in der Welt, *muss* es denn eine erste Ursache geben? Nach allem, was wir denken können und wissen, könnte die Welt auch unendlich und ungeworden sein. Außerdem ist es *denkbar*, dass Dinge ohne Ursache geschehen, buchstäblich aus dem Nichts auftauchen. Manche Menschen behaupten sogar, das geschähe die ganze Zeit – einige Quantenphysiker zum Beispiel. Ferner könnten – es ist denkbar, sogar recht gut! – das Universum und wir in ihm tatsächlich nichts anderes als das Produkt vieler seltsamer Zufälle sein. Oder einfach auch das Ergebnis von gesetzartigen Prozessen, die keiner beherrscht und geplant oder erlassen hat, das Ergebnis eines höchst fragilen Gleichgewichts, das sich irgendwann einfach eingestellt hat und schon im nächsten Moment überraschend in sich zusammenbrechen könnte. Und selbst wenn jemand hinter alldem stecken sollte (beweisen lässt es sich nicht!), wäre es immer noch keine so leichte Sache, von den Eigenschaften der Geschöpfe auf die Eigenschaften und Absichten des Schöpfers zu schließen. Um zu begreifen, wie heikel solche Schlüsse sind, muss ich nur bis ans andere Ende des Küchentisches sehen. Oder einen Krimi aufschlagen.

– *Als ich in deinem Alter war, habe ich meinen Teller immer leer gegessen.*

– *Stimmt gar nicht.*

– *Was? Woher willst du das denn wissen?*

– *Von Tante Gisela. Die sagt, du hast auch immer schlecht gegessen.*

– *So. Sagt sie das. Immerhin ist mir jetzt klar, weshalb es in meiner Kindheit so oft geregnet hat.*

– *Papa, schaut uns der liebe Gott wirklich gerade zu, so wie Tante Gisela es sagt?*

– *Das ist möglich. Allerdings würde es mich wundern. So furchtbar interessant ist es ja nicht, uns beiden beim Suppeauslöffeln zuzusehen.*

– *Aber Er kann alles sehen.*

– *Alles gleichzeitig?*

– *Ja, Er kann alles sehen. Und Er weiß alles, sogar unsere Gedanken kennt er. Und Er hat alle Menschen lieb. Besonders die Kinder.*

– *Na, wenn Er tatsächlich alles sehen kann und alles weiß, dann weiß Er auch, dass wir beide im Moment hier sitzen und unsere Suppe essen. Das ist nur logisch!*

– *Ja, logisch.*

Aber wenn Er tatsächlich weiß, dass wir beide gerade Suppe essen, weshalb sollte Er uns dann auch noch dabei zusehen wollen? Und wenn Er *alles* weiß, dann weiß Er doch auch, was wir beide noch nicht wissen, nämlich, ob du deine Suppe heute auslöffeln wirst oder nicht. Und wenn Er das schon weiß, weshalb wohl wäre Er dann traurig oder gar ärgerlich mit dir? Das liegt doch dann in Seiner Verantwortung – und nicht etwa in deiner oder meiner. Sollte Er aber solche alltäglichsten Kleinigkeiten nicht im Griff haben oder haben wollen, dann, möchte man ahnen, liegt sehr viel anderes auch nicht in Seiner Macht, so ziemlich alles, was uns Menschen Tag für Tag betrifft und bekümmert (vom Wetter einmal abgesehen). Jedenfalls ist Er dann nicht *all*mächtig. Das ist auch logisch.

Die brockt uns ganz schön was ein, die Tante Gisela. Nicht eine dieser Fragen wüsste ich dir vernünftig zu beantworten. Und kenne auch keine einzige Menschenseele, die das könnte. Die einzig aufrichtige Antwort, die ich dir anzubieten habe, lautet: »Ich weiß es nicht. Er geht mir über den Verstand, dieser Gott.« Aber ein Gott, dessen Wesen, Wege und Wollen wir einfach nicht begreifen können, taugt nun mal nicht als Grundlage für Erklärungen, die unser Leben betreffen. Vor allem nicht von Dingen, die wir uns selbst ganz gut erklären können. Weshalb es regnet, zum Beispiel. Oder weshalb Kinder ihren Teller leer essen sollen.
Vielleicht soll sie ja auch gar nichts *erklären*, die Idee vom lieben Gott. Eine Suppe soll ja auch nichts erklären. Und hat doch ihren guten Sinn. Sie wärmt uns. Führt uns zusammen. Gibt uns Kraft. Stärkt den Magen. Und das Gemüt.

– *Papa, muss der liebe Gott auch Suppe essen?*
– *Nein. Bestimmt nicht. Sein Dasein ist von ganz anderer Art. Er muss nicht essen. Und auch nicht trinken.*
– *Wie groß ist er denn?*
– *Der Größte überhaupt.*
– *Größer als ein Riese?*
– *Viel größer.*
– *Aber Riesen gibt es nicht, in Wirklichkeit.*
– *Behauptet das die Tante Gisela?*
– *Nein, das hat mir die Mama erzählt, als ich einmal Angst hatte, vor dem Einschlafen.*
– *Also, ich habe auch noch keinen Riesen mit eigenen Augen gese-*

hen. *Was es allerdings gibt, sind Berichte von Menschen, die steif und fest behaupten, schon einmal leibhaftige Riesen gesehen und sogar mit ihnen gekämpft zu haben. Und wenn diese Berichte wahr sind, dann gibt es Riesen. Oder gab es zumindest früher welche.*

– Und Gott ist noch größer als ein Riese?

– Gar kein Vergleich. Manche sagen, er ist so groß wie das Universum, andere behaupten, er sei sogar noch einen Tick größer. Diese Dinge sind schwer zu messen. In jedem Fall ist er der Größte; so groß, dass etwas Größeres gar nicht gedacht werden kann. Kannst du das – dir ein Wesen vorstellen, so groß, dass es größer einfach nicht gedacht werden kann?

– Weiß nicht.

– Versuche es mal, ich versuche es auch: Wir stellen uns jetzt beide ein Wesen vor, wie es größer einfach nicht gedacht werden kann. Gut?

– Gut.

– Also: Auf die Plätze, fertig, los!

– ... Und: Wie groß ist es?

– Sooooooooooooooooooooooooooooooooo groß!

– Nicht schlecht. Meines war allerdings noch ein bisschen größer, nämlich sooooooooooooooooooooooooooooooooooo groß.

– Und meins noch größer, das war nämlich soooooooooooooooooooooooooooooooooooooooooooooooooootausendkilometergroß!

– Ich sehe schon, vom Prinzip her hast du es begriffen. Jetzt frage ich dich nur noch eines: Was, würdest du sagen, ist größer: Ein Riese, den es in Wirklichkeit gibt, oder der gleiche Riese, den es nicht in Wirklichkeit gibt, sondern nur in deiner Vorstellung?

– Der richtige Riese natürlich!

– Aha. Und für Gott, den Größten überhaupt, wäre es dann doch auch so. Der wäre auch größer, wenn es ihn tatsächlich gibt, und nicht nur allein in unserer Vorstellung.

– Ja.

– Also gibt es diesen Gott. Kein Zweifel möglich.

– Gut.

– Willst du auch wissen, weshalb es ihn gibt?

– Ja. Weshalb denn?

– ... Weil, sich Gott als ein Wesen vorzustellen, das es lediglich in unserer Vorstellung gibt, nichts anderes bedeutet, als sich ein Wesen vorzustellen, das größer gedacht werden kann. Und wir haben uns aber gerade eben – und so schwer war das gar nicht – Gott ausdrücklich als ein Wesen vorgestellt, wie es größer nicht vorgestellt werden kann.

– Ja, haben wir.

– Also müssen wir uns Gott als ein Wesen vorgestellt haben, das es wirklich gibt. Für Wesen, die sich überhaupt so eine Vorstellung von Gott machen können, existiert Gott deshalb mit logischer Notwendigkeit. Und jeder vernünftige Mensch kann sich eine Vorstellung von Gott machen. Sogar jedes vernünftige Kind. Und etwas, dessen Existenz kein vernünftiger Mensch bezweifeln kann, existiert. Also gibt es Gott. Muss es ihn sogar geben. Punkt. Fertig. Aus.
Verstanden?

– Jaja, schon gut.

Hauptsache, mal »jaja« gesagt. So beginnt das, mit der Religion. Erst werden wundersame Geschichten erzählt. Danach wird Suppe verteilt (»Brüderlich teilen!«), und im Zweifelsfall wird auf Nachfrage »jaja« gesagt. Der rechte Glaube wird sich dann schon einstellen. Und am Ende, möglicherweise, sogar die rechten Argumente.

Vielleicht kommt Er ja wirklich eines Tages zu dir, über dich, aus dir heraus. In meiner Hand liegt das nicht. Und auch nicht in deiner. Erzwingen kann man ihn schließlich nicht, den unerschütterlichen Glauben an Ihn, tief im eigenen Selbst. Allenfalls sich offen halten, bereit bleiben für bekehrende Erfahrungen, die, wie es der Philosoph William James einmal beschrieben hat, zu einer »Verlagerung der heißen Stelle im Bewusstsein eines Menschen« führen.

Solche Erfahrungen sind nichts Ungewöhnliches. Jeden Tag treten sie wieder auf, überall auf der Welt, in unterschiedlichsten Formen und Weisen. Argumente allerdings sind dabei so gut wie nie im Spiel. Nicht einmal bei denen, die sich solche Argumente ausdenken. Wie dem guten Anselm von Canterbury zum Beispiel, einem Mönch, dem es im elften Jahrhundert nach Christus als erstem Mensch gelungen schien, einen logisch haltbaren Beweis für die Existenz Gottes gefunden zu haben. Anselms zündende Idee bestand darin, Gott als ein Wesen zu bestimmen, »worüber hinaus Größeres nicht gedacht werden kann«, und darauf jeden einzuladen, sich dieses Wesen doch bitte einmal vorzustellen.

Glaubt man Anselms eigenen Worten, war es freilich nicht er, der diesen Beweis fand, sondern Gott selbst beschenkte ihn damit, nach langen Wochen des Fastens, der Anfechtung und des drohenden Wahnsinns, in den frühen Morgenstunden zwischen Wachen und Schlaf. »Dank sei dir, Herr, Dank sei dir, dafür, dass ich durch dich erleuchtet erkenne, was ich früher durch dich beschenkt schon geglaubt habe; wollte ich auch nicht an sein Dasein glauben, so wäre ich doch außerstande, es nicht zu erkennen«, rief Anselm da aus, innerlich noch auf Tage viel zu erregt, um den Beweis in seine Wachstafeln ritzen zu können.

– Weißt du, jetzt kann ich es dir ja sagen. Bis heute habe ich nicht daran geglaubt, dass es Poopipääpi wirklich gibt, die Stadt deiner Schwester Maja, meine ich.

– Natürlich gibt es Poopipääpi!

– Jaja, das erkenne ich jetzt auch. Denn auch wenn ich sie noch nicht mit eigenen Augen gesehen habe, so ist Poopipääpi doch zweifellos eine Stadt, wie sie herrlicher nicht gedacht werden kann, oder?

– Ja, in Poopipääpi ist alles schön.

– Das kann ich mir vorstellen. Und ein Poopipääpi, das es wirklich gibt, ist nun einmal herrlicher als ein Poopipääpi, das es nur in unserer Vorstellung gibt. Oder?

– Klar!

– Also kann ich gar nicht anders, als mir Poopipääpi als existierend zu denken. Und jedem anderen Menschen muss es ganz genauso gehen.

– In Poopipääpi habe ich auch ein Pony.

– Herrlich, herrlich! Und in Poopipääpi essen sicher auch alle Kinder ihre Teller leer, oder wie ist das?

– Quatsch, Papa!

– Wieso denn Quatsch?

– Das kann ich dir jetzt nicht erklären.

– Aber deine Suppe essen, das kannst du hoffentlich noch.

– Nein, ich bin doch schon satt.

– Dann streng dich jetzt mal an. Ein bisschen was geht immer. Noch drei Löffel, okay?

– Na gut.

– Einen für die Oma, einen für den Opa und einen für die Tante Gisela!

– Und einen für den lieben Gott!

– Unbedingt. Manchmal geschehen ja wirklich noch Wunder!

WO KOMMT DAS HIN?

Über das Abputzen und Aufräumen im moralischen Sinne

– *Abputzen! Abputzen!*

– *Komme gleich!*

– *Aaaaabputzen!*

– *Nur noch einen Moment!*

– *AB-PUT-ZEN!*

– *Ja doch. Ich musste nur noch die Spülmaschine anstellen. Damit alles gemacht ist, wenn Gerald und Julia zu Besuch kommen.*

– *Bäääh. Stinkt!*

– *Könntest auch langsam mal selber abputzen, oder?*

– *Ich kann's doch nicht, meine Arme sind zu kurz. Ich komme nicht hin.*

– *Ich denke schon, dass du da hinkämst, wenn du nur wolltest.*

– *Aber ich sehe doch nix. Ich habe doch keine Augen am Popo.*

– *Du, ich habe auch keine Augen am Popo – und komme trotzdem allein zurecht. Also los, dann mach mal das Bärchen!*

– *Aber richtig abputzen!*

– *Klar, keine Sorge.*

Jeden Tag mindestens dreimal kommen wir uns auf diese Weise näher. Abputzen, die Prosa des Erziehens, der erste Standard, die gründlichste Grundlage. Verordnen kann ich dir die Scham ja nicht, aber aus meiner Sicht wäre es langsam Zeit für ein gewisses Unbehagen. Ein wenig mehr Eigeninitiative könntest du schon zeigen, wenn es um die Pflege deines Selbst geht.

– Ich spüle!

– Gut, aber Händewaschen nicht vergessen!

– Oh. Natürlich.

– Und wo wir schon mal beim großen Reinemachen sind, könnten wir auch gleich dein Zimmer aufräumen, was meinst du?

– Och, Papa, muss das jetzt sein?

– Ja, muss es. Bei dir sieht es nämlich schon wieder aus, als hätte eine Bombe eingeschlagen.

– Ich habe doch nur gespielt.

– Eben. Keinen Schritt kann man tun, ohne auf irgendetwas zu treten. Der ganze Boden voll mit Spielsachen und Schnickschnack.

– Papa, ich habe aber jetzt keine Lust zu putzen.

– Um Lust geht es hier gar nicht. Ich habe auch keine Lust, dir jeden Tag den Popo abzuwischen. Außerdem sollst du auch gar nicht putzen, sondern erst einmal aufräumen. Das ist ein Unterschied.

– Wie denn?

– Beim Putzen geht es darum, etwas Verschmutztes zu säubern und zu reinigen. Fenster zum Beispiel. Oder Zähne. Oder Gewissen. Aufräumen heißt, die Dinge in eine gewisse Ordnung bringen; sie dahin stellen, wo sie eigentlich hingehören, damit nicht alles durcheinander geht.

– Mir gefällt es aber so.

– Aber mir nicht. Vor allem, was sollen nur Gerald und Julia denken? Das ist sehr unhöflich, weißt du, Gäste einzuladen und ihnen dann so einen Schweinestall als Spielzimmer zu präsentieren. Dann glauben sie, du willst eigentlich gar nicht, dass sie kommen. Und wahrscheinlich denken sie auch »Och, unsere Cousine ist ja noch ein Baby, die kann noch nicht mal ihr eigenes Zimmer aufräumen«.

– Stimmt gar nicht.

– Doch, genau das denken sie. Sie sind nur zu gut erzogen, es dir ins Gesicht zu sagen.

Ich wünschte wirklich, es ginge anders. Und eigentlich, da kann ich Freud nur zustimmen, hätte man als Vater »ein Recht zu erwarten, dass sich die Ordnung von Anfang an und zwanglos im menschlichen Tun durchsetzt und darf erstaunen, dass dies nicht der Fall ist, dass der Mensch vielmehr einen natürlichen Hang zur Nachlässigkeit, Unregelmäßigkeit und Unzuverlässigkeit an den Tag legt ...«. Ohne konkreten Ächtungsdruck, so viel ist jedenfalls klar, geht bei dir gar nichts. Da fehlt einfach die nötige Motivation.

Schämen müssen willst du dich dann doch nicht vor deiner großen, bewunderten Cousine – und schon gar nicht vor Gerald. Ist ja nur wenige Monate älter als du. Da wird einander genauestens beäugt.

> – *Papa, allein schaffe ich das aber nicht.*
> – *Doch, das schaffst du. Oder sind deine Arme dafür etwa auch zu kurz?*
> – *Neeiiin!*
> – *Also mach mal! Ich wollte das Bad noch ein bisschen putzen, bevor die beiden kommen.*
> – *... Wenn sie Kacko machen müssen!*
> – *Genau. Der Gerald putzt sich übrigens schon selber ab!*
> – *Aber nachts macht er noch in die Hosen! Wie ein Baby. Hihi!*
> – *Das brauchst du ihm aber nicht jedes Mal auf die Nase zu binden. Du weißt doch, wie sehr ihn das ärgert.*

Na also. Rein praktisch hast du es schon begriffen, wie das funktioniert mit dem Schwingen der Schamkeule. So werden die ersten für alle verbindlichen Alltagsnormen verankert.

> – *Am besten, du fängst mit dem Schaukelpferd an, das steht ja hier mitten im Weg.*

– Wo soll es denn hin?

– Mensch, jetzt denk doch mal selber ein bisschen nach! Ist ja schließlich dein Zimmer! Wo stellt es denn die Mama immer hin?

– Hier. In die Ecke.

– Na, dann weißt du ja, wo es hingehört.

Selber denken! Wie gut das doch klingt, wie emanzipierend. Aber was bedeutet der Satz denn? Für den Anfang bringt er doch nichts anderes als die hoffnungsfrohe Erwartung zum Ausdruck, du mögest unsere Anweisungen so weit und tief zu verinnerlichen, dass wir sie nicht mehr eigens aussprechen müssen, um sie befolgt zu sehen. Aus unserer ganz gezielten Kontrolle deines Verhaltens soll gezielte Selbstkontrolle werden, und zwar eine, die dir im günstigsten Fall sinnvoll und freiwillig vorkommt, weil du die anweisende Stimme in deinem Inneren nach und nach als deine ureigene Instanz anerkennst – dein gutes Gewissen! Es ist wirklich nur ein kleiner Schritt, gar nicht schwierig: Aus der Angst vor der Ächtung anderer soll einfach die Achtung des Gesetzes in dir werden. Aus Furcht – Ehrfurcht! Aus deiner Sorge, von niemanden mehr geliebt oder abgeputzt zu werden, der Mut, dich deines eigenen Verstandes zu bedienen, dich bald gar als allmächtiger Gesetzgeber zu verstehen, der Regeln vorgibt, die für alle vernünftigen Wesen, ja die ganze Menschheit gelten könnten!

Glaub mir, es ist wirklich ein brillantes System. Denn ist die kontrollierende Instanz erst einmal von außen in dein Innerstes gewandert, schämst du dich ja nicht erst für vollzogene Missetaten, sondern bereits für nur gedachte oder erwogene: Einen besseren moralischen Schutz gibt es gar nicht!

Aufgeräumt werden muss jedenfalls. So können wir Gerald und Julia nicht empfangen. Am Ende fällt das Chaos auf mich zurück. Dann bin ich es, der dich nicht anständig erzieht, dich verwahrlosen lässt oder verhätschelt. Ich weiß jetzt ja schon, was meine Schwester sagen wird: »Du, mach dir keinen Kopf, bei uns sieht es auch nicht besser aus!« Die ultimative Erniedrigung. Wo wir beide ganz genau wissen, dass das nicht stimmt.

– Papa, das Pferd muss da stehen bleiben.
– Wieso denn?
– Weil das Schwester Maja gehört. Mit dem reitet sie doch nach Poopipääpi!
– Also bitte. Schaffe es jetzt in die Ecke, sonst stolpert noch jemand drüber!
– Nein.
– Wie: Nein?
– Das kann ich nicht machen. Papa, bitte, sonst wird Schwester Maja doch so traurig.
– … Dann räume wenigstens den ganzen Schnickschnack auf dem Boden in die Regale und die Ritterburg weg, und den Bauernhof auch.
– Aber Papa …
– … Was?
– Das ist doch Poopipääpi!
– Und? Darf das also auch nicht aufgeräumt werden?
– Nein, das geht nicht. Sonst …
– … wird Schwester Maja fuchsteufelswild. Und böse.
– Ja, Papa, das wird sie.
– Und was soll dann werden? Einfach alles so lassen, oder wie?
– Ja, Papa, das wäre das Beste.

Dann hat deine imaginäre Freundin Schwester Maja also das Kommando in dir übernommen. Von mir hast du die nicht.

Auf einmal war sie da, wie aus dem Nichts, aufgestiegen aus den Tiefen deines Selbst. Und mittlerweile stelle ich sie mir tatsächlich wie ein kleines Menschlein vor, mitten in dir, zusammengemixt aus den verschiedensten Stimmen deines Alltags: der Stimme deiner Mutter, Tante Giselas, Opas, Omas, Julias, Geralds, der Kindergärtnerin, Noahs, Pippi Langstrumpfs, des guten Räuber Willibald und auch meiner ... Mit dieser Stimme besprichst du dich, wenn es darum geht, was du tun, auf wen du hören, was du dir wünschen und wofür du dich schämen solltest: Sie ist im Moment das Maß der Dinge.

Und was sollte ich jetzt tun? Euch beide zur Ordnung rufen, Poopipääpi eigenhändig dem Erdboden gleichmachen, ein Exempel statuieren, klarstellen, wer in diesem Haus eigentlich das Sagen hat? Es gibt Stimmen in mir, die dringend dazu raten. Wo kämen wir hin, wenn jedes Kind, jeder Mensch, einfach nur auf seine eigene Stimme hörte, nur den Gesetzen folgte, die in der Stadt seiner Träume gelten?

– *Du, schau mich mal an.*

– *Was denn, Papa?*

– *Jetzt sei mal ganz ehrlich: Wie eine perfekte Stadt sieht das nicht aus! Da kann man schon noch das eine oder andere verbessern, oder?*

– *Hm. Mir gefällt's aber so.*

– *Ja, aber schau mal, da liegen überall Gegenstände auf den Straßen, sogar Müll. Das sieht nicht schön aus. Und stolpern kann man auch, oder ausrutschen. Außerdem sind die Straßen doch sehr verwinkelt, da verläuft man sich leicht, und schau mal hier, da liegen Autos auf dem Dach, zwei Kinderbetten neben den Häusern, die Schweine stehen im Gefängnis, Glasperlen auf der Weide. Stell dir vor, die Julia fragt dich, was das alles soll. Am Ende macht sie sich*

noch über Schwester Majas Stadt lustig. Das willst du doch nicht,
oder?

– Hm ... nein.

– Also, dann mach mal. Damit würdest du uns allen einen Riesen-
gefallen tun. Vor allem dir und Schwester Maja!

– Also gut. Ein bisschen aufräumen kann ich.

– Schön. Du wirst sehen, wie gut sich das danach anfühlt.

Vielleicht ist das ja wirklich ein Gesetz, dem alle folgen könnten, in jeder guten Stadt: »Strebe danach, dich so zu verhalten,
dass du dich vor deinem besten Ich nicht schämen musst!« –
und sogar eines, nach dem ich dich mit gutem Gewissen erziehen wollte.

Und mich.

OTSCHPOTSCHN?

Warum kleine Jungs ihrem Penis einen Namen geben – und deren große Schwestern das nicht verstehen wollen

Sie hat mich darauf eingestellt, dass er manchmal ein wenig eigenwillig ist und sich gerade in einer Phase befindet, in der er besonders gerne nackt herumläuft. Ich soll ihn einfach lassen. Außerdem, wusste meine Schwester zu berichten, hätte ich das in seinem Alter auch immer getan. Sie könne sich da noch ganz genau an einige Szenen erinnern.

Wirklich? Ich nicht. Jedenfalls nicht an solche. Aber was soll der kleine Kerl auch machen, wenn die Mädchen im Wohnzimmer selbstvergessen Pferdehof spielen?

– Wie heißt dein Kollege denn?

– Otschpotschn.

– Otschpotschn? Das ist aber ein merkwürdiger Name.

– Finde ich nicht.

– Sag mal, wie kann Otschpotschn denn sehen? Er hat doch gar keine Augen?

– Er kann aber trotzdem sehen.

– Und wie macht er das?

– Er kann es eben. Und jetzt lass uns bitte in Ruhe!«

Schon verstanden, Otschpotschn darf nicht gestört werden. Otschpotschn muss sich auf den Film konzentrieren. Da sitzt mein Neffe im Schneidersitz splitternackt auf den handwarmen Fliesen der heimischen Küche, direkt vor der laufenden Waschmaschine, weil, wie er erklärt, sein Penis, den er als

»seinen Freund« bezeichnet und der seit zwei Minuten auf den Namen Otschpotschn hört, sich einen Film ansehen will; einen Film, der gerade in der Waschmaschine gezeigt wird.

Gut. Darf er. Soll er. Schaurig zu denken, wie es Erwachsene noch vor 120 Jahren als heilige Pflicht ansahen, den männlichen Nachwuchs in solchen Situationen mit einem ultimativ drohenden »Lass das, sonst kommt der Doktor Fleischer und schneidet dir Otschpotschn ab!« für den Rest eines langen Lebens zu traumatisieren. Ist doch ganz natürlich. Er steckt eben mittendrin in der autoerotischen Phase, hat mit seinen fünf Jahren nicht einmal zu früh die zweite Stufe der kindlichen Masturbation erreicht und ist deshalb, um es mit Meister Freuds eigenen Worten zu sagen, bestrebt, »seinem kleinen Penis lustvolle Sensation zu verschaffen«.

So arglos, wie er da sitzt, würde er den Grund einer Strafe oder Drohung vermutlich nicht einmal begreifen. Andererseits deutet der erhebliche Aufwand, den der Gute zur Erlangung seines kindlichen Lustgewinns betreibt, bereits auf eine untergründige Ahnung von den möglichen Grenzen öffentlichen Selbstgenusses hin.

Nicht, dass ich ihn für seinen kreativen Umgang mit dieser Spannung ausdrücklich belobigen wollte, doch ginge es allein nach mir, dürfte er ruhig noch ein wenig weitermachen. Ungestört.

> – *Schaut halt nicht zu lange. Du weißt ja, Fernsehen ist nicht gut für die Augen!*

Geht aber nicht. Geht es ja nie, sobald Kinder da sind. Denn vom Wohnzimmer aus sieht die achtjährige Schwester, was ich sehe, und findet es »voll eklig«. Ein Urteil, das meine Nichte mit sorgsam einstudiertem Augenrollen fällt und derzeit auf sämtliche männliche Wesen in sämtlichen Handlungssituationen anzuwenden pflegt, insbesondere aber auf ihre »voll ekligen« oder wahlweise auch »voll gestörten« Klassenkameraden. An alldem ist niemand schuld. Jedes Alter hat seinen Irrsinn. Und als guter Onkel will ich sofort zugestehen, dass der Anblick, den der vor der Waschmaschine zipfelnde Jüngling bietet, nicht unbedingt dazu angetan ist, die Achtung vor dem männlichen Geschlecht zu mehren.

Warum er das macht? Weil er ein Junge ist. Aber einmal davon abgesehen, dass diese Erwiderung nichts erklärte, wäre sie auch sachlich falsch. Mädchen tun das ja auch. Erinnern wirst du dich wahrscheinlich nicht daran, meine liebe Nichte, aber ich. Dein Bruder war gerade zur Welt gekommen, bestaunt hast du ihn, geliebt, hast in großen, zu großen Worten ausgerufen, wie unglaublich gern du ihn hast, obwohl du ihm in Wahrheit doch, gib es zu, am liebsten den Hals oder wenigstens den Otschpotschn umgedreht hättest.

Der kleine Unterschied zwischen euch konnte dir natürlich nicht verborgen bleiben. So dass du dich vertraulich an die Mutter wandtest, um zu erfragen, wie sich die offenkundige Abwesenheit eines eigenen Zipfels wohl verstehen ließe. Sie wollte es in zwei Sätzen erklären: »Du hast keinen, weil du keinen brauchst. Du bist ein Mädchen.« Worauf du allerdings, ganz Mensch, der am sehnlichsten wünscht, was er nicht benötigt, sagtest: »Ach, er wird mir schon noch wachsen.«

So jedenfalls wurde es mir, dem Onkel, berichtet. Und weißt du, sollte Freud recht haben, dürfte tief im Innern deines achtjährigen Selbst bis heute die Überzeugung vorherrschen, dass dein einstiger Wunsch sich eines schönen Tages doch noch erfüllen werde, jedenfalls so lange, bis du selbst einmal Kinder haben wirst. Schließlich ist die weibliche Situation erst dann wahrhaft hergestellt, »wenn der Wunsch nach dem

Penis durch den nach dem Kind ersetzt ist, das Kind also nach alter symbolischer Äquivalenz an die Stelle des Penis tritt!«. Aber da musst du noch eine Weile warten, was ja auch den Widerwillen erklären mag, den du dem Schauspiel des Bruders entgegenbringst, und also nicht zuletzt, weshalb ich hier auf der Schwelle von Küche und Wohnzimmer zwischen deinem Penisneid und seiner Kastrationsangst zu moderieren habe. Könnte man alles sagen und erklären. Macht man als Onkel aber dann doch nicht. Es wäre wohl auch nicht im Sinne deiner Mutter. Die glaubt nämlich nicht an die Sache mit dem Penisneid, hält ihn, ich weiß es genau, mit aller Bestimmtheit für überkommenen, phallozentrischen Unsinn.

– *Weißt du, er denkt sich nichts dabei. Es ist nur eine Phase, ganz natürlich, geht auch bald wieder vorbei.*
– *Aber wie kommen Jungs nur darauf, ihrem Penis einen Namen zu geben? Wir Mädchen würden doch auch nie darauf kommen, unserer Scheide einen Namen zu geben.*
– *Na ja, weil der Penis ein wenig sichtbarer ist und weil das Kind dann eben einen Namen braucht.*
– *Kind, wieso denn Kind?*
– *Ich meine das nur als Redensart.*
– *Ach so. Aber dann auch noch »Otschpotschn«, voll gestört, oder?*
– *Hat er sich halt ausgedacht. Es hat bestimmt nichts zu bedeuten.*

Nichts zu bedeuten? Was rede ich nur. Es gibt in diesem Bereich, gerade in diesem Bereich, keine Zufälle: schon gar keine bedeutungslosen! Gerade unsinnigste Fremdheiten tragen einen tieferen Sinn, sind unverzichtbare, alles entscheidende Interpretationsschlüssel.

»Otschpotschn« also. Mal sehen. Offenbar fungiert das mittige »p« als Bindeglied zwischen den beiden identischen Lautfolgen »otsch«. »p« steht also im Zentrum einer neu geschaffenen, spannungsreichen Identität. Das abschließende »n« bestätigt diese Deutung, denn so organisieren die beiden Hauptkonsonanten des Wortes »Penis« die Bezeichnung eines neuen, erweiterten Selbstbildes. Das scheinbar sinnferne »otsch« drückt deutlich das Bestreben aus, die kindliche Sehnsucht nach einer Identität von Ich und Penis zu verdunkeln oder gar ins Lächerliche zu ziehen, markiert in seiner offenbaren Ähnlichkeit zu dem autoritären Zischlaut »tsch!« oder auch »pscht!« aber gleichzeitig den eigentlichen Grund für die erhoffte Verfremdung. Kein Zweifel deshalb, dass im kindlichen Bett bei Nacht, ist das elterliche »pscht!« erst einmal erklungen, ähnliche Explorationen stattfinden. Nicht weniger deutlich gemahnt »otsch« aber auch an den schmerzhaften Aufschrei »Autsch!« und entlarvt so, welche Sanktionen das Kind ob seines Verhaltens am tiefsten fürchtet. Für das analytisch geschulte Elternteil hält der Name also keine tieferen Rätsel bereit.

Genauso wenig wie die Waschmaschine. Irgendein Medium benötigt unser Narziss eben, um sich beim Beobachten beobachten zu können. Früher waren es glasklare Gebirgsbächlein, heute sind es rotierende Waschmaschinen.

Ein gewisses Unbehagen bleibt da natürlich. Denn sollte dies tatsächlich der mythische Schlüsselmoment sein, in dem der kleine Kerl da drüben sich erstmals als denkendes Wesen, gar als denkender Mensch begreift, wie sollte er ausgehend von dieser Wischi-Waschi-Erfahrung jemals eine klar konturierte Mannesidentität erlangen, erfolgreich den Sprung vom Geschlecht zum Gender schaffen, sich später einmal in die Rolle des Vaters einfinden, das heißt: gegebenenfalls mit aller Strenge für Zucht und Ordnung sorgen? Das Gesetz verkörpern! Keine so leichte Sache.

Und was sagst du eigentlich dazu, mein Kind? Bist die ganze Zeit schon so seltsam still, überlässt deiner über alles geliebten Cousine alle Fragearbeit, als sei der eigene Wissenstrieb wie gelähmt vom fremden Schauspiel in der heimischen Küche. Wünschst dir ja schon seit Wochen nichts sehnlicher als auch so ein Brüderchen. Sogar deine Mutter hast du mittlerweile von der Vernunft des Wunsches überzeugt: Schau dir deinen Cousin nur genau an. Das kommt dabei normalerweise raus!

 – *Sag mal, hat Schwester Maja eigentlich auch einen Otschpotschn?*
 – *Neiiiin! Die hat nur Pferde. Viele Pferde. In Poopipääpi!*
 – *Verstehe. Warum heißt die Stadt eigentlich Poopipääpi? Ist doch schon ein komischer Name.*
 – *Finde ich überhaupt nicht.*
 – *Na ja, das klären wir hoffentlich später noch.*

WARUM IST NOAH KRANK?

Und weshalb diese Frage kein Übel sein muss

Jetzt, wo ich mich erinnere, sah er vielleicht ein bisschen blass um die Nasenspitze aus. Quengelig war er, ein wenig aggressiver als sonst, bis er auf dem Schoß der Mutter selig einschlief. Möglicherweise ein kleiner Infekt, oder einfach nur eine schlechte Nacht. Ist doch ganz normal in dem Alter. Jedenfalls nichts, was uns ernsthaft besorgt hätte, an diesem Nachmittag im Garten. Keine Woche ist es her. Es war ein so schöner Sonntag.

> – *Du, Noah kommt heute nicht zum Spielen. Sein Papa hat gerade angerufen.*
> – *Och. Warum denn nicht?*
> – *Der Noah ist krank.*
> – *Schade.*
> – *Ja. Er musste heute ins Krankenhaus.*
> – *Papa, ich war auch schon mal im Krankenhaus! Mit Gehirnerschütterung!*
> – *Ich weiß. Ich war dabei.*
> – *Das war schön. Da hat die Mama in meinem Zimmer geschlafen.*
> – *Genau, um zu sehen, ob du dich weiter übergeben musst.*
> – *Hab aber nicht gekotzt.*
> – *Nein, Gott sei Dank, sonst hätten wir dich am nächsten Morgen auch nicht wieder mit nach Hause nehmen dürfen.*
> – *Ich möchte so gern wieder ins Krankenhaus. Können wir den Noah besuchen?*

– Vorerst nicht. Er darf nicht mit anderen Kindern zusammen sein,
sonst könnte er sich anstecken.
– Mit Bekterien?
– Ja, mit Bakterien, zum Beispiel.

Umbringen könnte es ihn. Jedes Virus, jeder Erreger, jeder
Keim. Alles, was »von draußen kommt«, hat sein Vater gesagt
– und dass nun alle Unschuld verloren sei. Die Tests sind eindeutig. Noah hat Leukämie. Morgen fängt die Chemotherapie
an, danach starke Steroide, wieder Chemo, hin und her wird
es so gehen, für mindestens zwei Jahre. Ich brauchte gar keine
Fragen zu stellen, er hat die Fakten am Telefon nur so run-
tergerattert, das Heil in den Tatsachen gesucht. Hoffnung, ja,
die bestehe, eines von 2000 Kindern erkranke an dieser Form,
ALL, es sei eine vergleichsweise harmlose Variante mit konkreten Heilungschancen, bis zu 90 Prozent, nach neuesten Thera-
pien. Langzeitprognosen gebe es allerdings nicht, bis vor dreißig Jahren sei nämlich noch jedes Kind daran gestorben.
Eines von 2000 Kindern. Irgendeines. Es hätte genauso gut
dich erwischen können.

– Was hat der Noah denn?
– Seine Abwehrkräfte sind geschwächt.
– Welche Kräfte?
– Die Abwehrkräfte. Weißt du, die Bakterien, die musst du dir so
wie klitzekleine Bösewichte vorstellen, die unserem Körper schaden
wollen. Und um sich gegen deren Angriffe zu wehren, schwimmen
in unserem Blut viele kleine Körperpolizisten, die die Bösewichte
festnehmen, damit sie uns nicht krank machen …

Der Körper als Staat, den es vor fremden Eindringlingen zu
schützen gilt. Das Bild leuchtet jedem Kind sofort ein. Auch,

dass die Polizeizentrale im Rückenmark liegt und dass bei Noah die Polizisten selbst krank geworden sind, weswegen er den Angriffen der Eindringlinge nun schutzlos ausgeliefert ist.

– *Warum sind die Polizisten denn krank geworden?*
– *Das ... weiß man nicht so genau.*
– *Vielleicht hat der Noah ja was Blödes gegessen – und deshalb sind die Polizisten krank geworden.*
– *Nein, das ist bestimmt nicht der Grund.*

Etwas Falsches gegessen: Das ist deine Patenterklärung für alles Elend dieser Welt. Warum der Opa am Bauch operiert werden musste? Wahrscheinlich hat er zu viel gegessen. Ganz einfach. Das leuchtet unmittelbar ein. Und ich wünschte von Herzen, es wäre so. Eine Welt, in der sich jedes Übel direkt auf eine missliche Handlung zurückverfolgen ließe, wäre ja das reinste Erziehungsparadies: Gar nichts müsste man als Erwachsener mehr sagen. Die Natur würde vernünftiges Verhalten einfach mit Schmerzlosigkeit belohnen, die vernünftigen Kinder sich danach richten und die unvernünftigen aussterben. So eine Welt wäre grundgut, denn in ihr wäre ja jedes Übel im Prinzip vermeidbar. Nicht zuletzt erhielte jede Krankheit, fragt man nur lange genug nach dem Warum, ihren guten pädagogischen Sinn. So wie deine Gehirnerschütterung, als du im Garten auf den Baum geklettert warst und dich partout nicht mit beiden Händen festhalten wolltest: selber schuld. Das wird dir eine Lehre sein. Ich weiß noch genau, das war es, was ich damals auf dem Weg zum Krankenhaus gedacht habe. Und dass es dich schon nicht umbringen wird.

– *Aber warum ist der Noah dann krank?*
– *Manchmal, weißt du, gibt es keinen guten Grund. Da werden*

Menschen einfach so krank. Das kann niemand verhindern, und es
kann auch kein Mensch etwas dafür.
– Vielleicht ist er auf den Rücken gefallen. Und deshalb ist den Poli-
zisten schwindlig geworden.

Niemand schuld? Das kann dir keiner erzählen: Irgendeine
nachvollziehbare Erklärung muss es doch geben! »Keine Tat-
sache kann als wahr oder existierend gelten, ohne dass es einen
zureichenden Grund dafür gibt, dass es so und nicht anders ist,
obwohl uns diese Gründe meistens nicht bekannt sein mögen.«
Nicht, dass du es so ausbuchstabieren könntest, aber das ist die
Maxime, die deine Fünfjährigenneugier jeden Tag weiter nach
vorne treibt: Leibniz' Satz vom zureichenden Grund. Die natür-
lichste, vernünftigste, menschlichste Annahme von allen.

– Du kannst Noah ja ein Bild malen. Darüber würde er sich be-
stimmt freuen.
– Fürs Krankenhaus?
– Genau, das kann er in seinem Zimmer aufhängen. Dann weiß er,
dass du ganz fest an ihn denkst, auch wenn du ihn nicht besuchen
darfst.
– Ja! Ich weiß auch schon, was ich male.
– Was denn?
– Verrate ich dir nicht.

Und hast du etwa nicht recht? Ganz bestimmt, ganz ohne
Zweifel gab es ein Ereignis, das die Produktion mutierter wei-
ßer Blutkörperchen in Noahs Rückenmark auslöste – eine erste
kleine Abweichung, eine winzige Störung im erzeugenden
Muster. Vor Wochen oder Monaten, ganz im Stillen.
Aber *warum* ist *das* passiert? Die Frage bleibt ja dann immer
noch offen. Bis ans Ende aller Kausalketten kannst du mich

mit ihr jagen, ohne jemals zu erfahren, was du eigentlich hören willst. Denn was erklären die Ursachen schon? Sie sagen ja im günstigsten Fall nichts anderes als: »So, mein liebes Kind, läuft das in dieser Welt nun einmal ab. So ist sie. Das sind die Gesetze, denen ihr Lauf folgt.« Und es fällt nicht schwer, mir dich in diesem Moment als ein philosophisches Bilderbuchkind vorzustellen, das seinen Vater am Ende solch eines unendlichen Gesprächs fragt: »Aber warum, Papa, ist die Welt dann *so* – und nicht anders? Weshalb diese Gesetze, und nicht *andere*? Was ist das für eine Welt, in der Kinder einfach so krank werden und leiden müssen? Ohne guten Grund. So eine Welt, mein lieber Vater, ist doch nicht in Ordnung. Die kann doch nicht gut sein.«

Doch du schweigst, anstatt so zu fragen. Beißt dir auf die Lippen: Einfach so krank geworden? Dann hat Noahs Geschichte also keine Moral? Keinen tieferen Sinn? Kennt sie keinen Schuldigen, keine auslösende Handlung, niemanden, auf den du zeigen, nichts, womit du etwas anfangen könntest?
Natürlich kann ich ihr für dich einen Sinn geben. Nichts leichter als das. Auswahl gibt es nun weiß Gott genug. Ich muss mich nur an den heiligen Augustinus halten: Der Noah ist krank geworden, weil er ein böser Junge war. Weil er mit seinem Pipeli gespielt hat. Das ist der Grund. Soll man nicht machen!
Das wäre perfekt. Das würde dich vollkommen zufrieden stellen. Damit wäre deine Welt wieder in bester Ordnung.
Oder dir, als Variation, erklären, dass Noahs Vater bestimmt etwas Böses getan hat, und die Söhne von bösen Männern manchmal diese Krankheit bekommen – als gerechte Strafe! Würde problemlos geglaubt. Keine weiteren Fragen.
Oder auch, dass es früher, ganz im Anfang, keine Krankheiten

auf der Erde gab, bis die ersten Menschen in ihrem Garten eine verbotene Frucht versuchten – und dass seitdem manche von uns krank werden, sozusagen als Spätfolge. Kann man jetzt nicht mehr rückgängig machen. Leider. Hätten sie sich damals besser überlegen sollen.

Ich meine, irgendeinen Grund *muss* es doch schließlich geben.

Ich könnte mir – und du würdest mir folgen! – im Namen des zureichenden Grundes sogar ein Wesen vorstellen, dem alle Gründe, die wir nicht kennen, bekannt sind, ganz einfach, weil es, sagen wir, diese Welt geschaffen hat, in allen Einzelheiten, genau so, wie sie ist: der ultimative Sinnstifter, der sichernde Endpunkt einer jeden pädagogischen Erzählung. So wie ich ein Vater zu dir bin, ist Er ein Vater zu uns allen. Verstehst du?

> – *Aber warum hat er den Noah krank gemacht? Ist das etwa ein böser Mann?*
>
> – *Nein, nein, nein, wo denkst du nur hin? Wenn wir nur wüssten, was Er weiß, würden wir uns keine andere Welt wünschen. Er hat die Welt so gut gemacht, wie er nur konnte, die beste aller möglichen. Aber es können nun mal nicht alle Kinder immer gesund sein.*
>
> – *Aber warum denn ...*
>
> – *... und vor allem hat Er uns die Fähigkeit gegeben, selbst nachzudenken, das heißt, seine Schöpfung zu erforschen, damit wir begreifen, wie gut sie in Wahrheit ist, dass alles in ihr einen guten Sinn hat, wenn man nur alle Gründe kennt. Besser ging es nicht. Glaub mir.*

Klar glaubst du's mir. Jeder Sinn ist besser als keiner. Jede Furcht besser als die Angst vor der Grundlosigkeit. Es ist, denkt man erst einmal darüber nach, schon absolut faszinierend, was sich erwachsene Menschen alles haben einfallen lassen, um ihre Kinder vor dem Eindruck zu bewahren, sie könnten in eine Welt geboren worden sein, in der es grundloses Leiden gibt. Doch keine dieser Geschichten kommt mir jetzt über die Lippen. Es käme mir unverantwortlich vor.

Aber was habe ich dir stattdessen zu bieten als meine beste Antwort auf deine Frage? Nichts. Keinen tieferen Sinn. Keinen guten Grund. Nicht einmal Wut. Warum Noah krank ist? Das ist eben so. Damit müssen wir uns abfinden. Frage nicht weiter, das erzeugt nur noch mehr Leid (gerade so, als sei deine Frage nach dem Sinn eine verbotene Frucht).

– *Papa, das Bild ist schon fertig.*

– *Schön. Zeig mal. Was ist denn drauf?*

– *Schau doch selbst!*

– *Sieht aus wie ein Garten, mit zwei Kindern, die Fangen spielen.*

– *Ja. Das ist Noah. Und das bin ich.*

– *Aha, und wer sind die kleinen grünen Männchen auf dem Baum?*

– *Das sind die Polizisten.*

– *Was machen die denn da oben? Sollen die etwa Ausschau halten und euch bewachen?*

– *Nein, Quatsch. Die essen doch die Äpfel. Da!*

– *Die Äpfel. Warum denn das?*

– *Na, damit sie wieder gesund werden. Du sagst doch immer, dass Äpfel gesund sind.*

– *Ja. Das stimmt auch. Das stimmt unbedingt.*

BLEIBST DU BEI MIR?

Über das Wesen der Lüge bei Nacht

– ... Ein fürchterlicher Sturm zog auf. Es regnete in Strömen, gewitterte, blitzte und donnerte. Auf einmal öffnete sich ein tiefer Spalt in der Erde, und aus dem Spalt kamen dann die Kinder an die Oberfläche gekrochen. Das waren sie, endlich: die ersten Menschen.

– Die Kinder kamen aus der Erde gekrochen?

– Ja. Zuvor hatten sie jahrelang im Erdinnern gelebt, ganz tief drinnen. Dort waren sie gezeugt, geformt und sogar erzogen worden.

– Von wem denn?

– Habe ich dir doch schon alles erzählt. Von der Erde selbst! Deswegen sprechen wir ja bis heute von unserer »Mutter Erde«, die wir lieben, ehren und beschützen sollen. Und auch davon, dass alle Menschen in Wahrheit Brüder und Schwestern sind. Weil wir im Anfang alle aus demselben Spalt gekrochen kamen. Damals, in der Zeit vor aller Zeit.

– Leben dort unten noch immer Kinder?

– Im Innern der Erde? Nein, das ist vorbei. Jetzt leben wir alle hier oben – und die Kinder werden von ihren Menscheneltern groß gezogen. So wie du von mir. Nur mal als Beispiel.

– Und von der Mama.

– Genau. Und der Mama. So. Und jetzt wird geschlafen. Es ist schon spät. Also Licht aus. Und Augen zu. Träum was Schönes!

– Du auch, Papa. Gute Nacht.

– Gute Nacht.

Gute Nacht. Wenn es so einfach wäre.

Besonders geschickt war das nicht, dir ausgerechnet heute die

Geschichte von den ersten Erdenkindern zu erzählen. Aber du wolltest sie nun einmal unbedingt hören. Jetzt hast du mich schon zum dritten Mal zu dir gerufen. Und zitterst, obwohl ich ganz nah bei dir liege. Aus Angst vor dem Gewitter, dort draußen, in der Nacht, und in Gedanken gewiss bei erdigen Monstern, die nur darauf warten, beim nächsten Blitz aus tiefem Schlund direkt in dein Bett gekrochen zu kommen.

– *Schlaf, Goldkind. Schlaf ruhig.*
– *Ja, Papa.*
– *Und keine Angst. Ich pass auf dich auf.*
– *Bleibst du bei mir?*
– *Ja, ich bleibe bei dir.*
– *Die ganze Nacht?*
– *Schlaf mal, Augen zu.*
– *Die ganze Nacht, Papa?*

Nein, nicht die ganze Nacht. Nur so lange, bis du eingeschlafen bist. Aber das werde ich dir jetzt nicht sagen, sondern genau das, was du von mir hören willst. Zärtlich geflüstert, direkt ins Ohr: »Ja, die ganze Nacht.«
Damit die arme Seele ihre Ruh hat, du dich möglichst geborgen fühlst und leichter einschläfst. Schadet doch niemandem. Im Gegenteil. Es wird das Beste sein. Für dich. Und mich. Sonst quälen wir uns hier womöglich noch Stunden in den Schlaf. Im Namen der Wahrheit. Für nichts und wieder nichts. Fast ein bisschen unmenschlich schiene mir das.
Ist nun wirklich kein großes Ding. Ich weiß nicht einmal, weshalb ich überhaupt darüber nachdenke. Na ja. Weil es ums Prinzip geht. Weil man nicht lügen soll, keine Versprechen abgeben, die man nicht halten will. Schon gar nicht den eigenen Kindern gegenüber. Bei Sturm, Gewitter und

Nacht. Wenn sie Angst haben. Grundlegender geht es ja wohl gar nicht.

Ich brauche mir ja nur vorzustellen, wie du in dreißig Minuten schweißgebadet aus einem Albtraum aufschreckst, nach meinem Körper tastest, ihn nicht findest und in diesem Moment begreifst, dass dein Vater ein Mensch ist, auf dessen Wort du dich nicht verlassen kannst. Dass ich dich angelogen habe. Hellwach stündest du dann vor mir, mit gewecktem Misstrauen.

> – *Du. Ich war nur kurz auf dem Klo. Wollte gerade zu dir zurückkommen.*
> – *Wirklich?*

Außerdem ist ja gar nicht gesagt, dass meine Lüge den gewünschten Effekt erzielt. Was, wenn du dich nun gerade deshalb, weil ich dir versichere, die ganze Nacht bei dir zu bleiben, besonders lange wach hältst – nur um sicherzugehen, ob das auch wirklich stimmt. Zuzutrauen wäre es dir.

Letztlich kann ja kein Mensch kontrollieren, was die eigenen Worte im anderen für Gedanken hervorrufen, und genauso wenig kontrollieren, was die eigenen Handlungen in der Welt für Verwicklungen in Gang setzen. Das ist einfach die Wahrheit. Und auch der Grund, noch ein Grund, weshalb ich dir besser wahrhaftig antworten sollte. Denn das kann ich immer. Das liegt zu jeder Zeit ganz bei mir: Wahrhaftig zu sein. Auch wenn es nun zur Folge hat, dass du dich noch eine ganze Weile hin und her wälzt, fürchtest und quälst. So weißt du wenigstens, woran du bist. Kannst dich fest auf mein Wort verlassen. Und mein Gewissen bleibt rein.

> – *Papa?*
> – *Ja. Ich bin noch da.*

– Bleibst du ...

– Psssch. Schlafen.

Ist wirklich nicht schwer, ein einwandfreier Vater zu sein. Jetzt mal rein moralphilosophisch gesehen. Denn auf die Frage, ob es Situationen gibt, in denen es geboten ist, einen anderen Menschen anzulügen, kann es für einen wahrhaft vernünftigen, widerspruchsfrei denkenden Menschen nur eine einzige Antwort geben: Nein. Die gibt es nicht. Vielmehr ist, wie Kant das feststellt, »Wahrhaftigkeit in Aussagen eine formale Pflicht des Menschen gegen Jeden, ... die in allen Verhältnissen gilt«. Und damit auch in unserem Verhältnis. Für jede bange Frage, die du mir vor dem Einschlafen stellst. Wirklich? Auch die von gestern? Und vorgestern?

Weißt du:
Die Wahrheit ist, dass es Schwester Maja nicht gibt.
Genauso wenig wie den Weihnachtsmann und den Osterhasen.
Die Wahrheit ist, dass der Opa nie wieder gesund wird, sondern im Sterben liegt.
Die Wahrheit ist, dass wir in einem halben Jahr umziehen werden, und du vermutlich keine deiner Freundinnen je wiedersehen wirst.
Die Wahrheit ist, dass deine Mutter längst zu Hause hätte sein wollen, dass ich nicht weiß, weshalb sie noch immer nicht da ist, dass ich mich mittlerweile ernsthaft sorge, ob sie von einem Laster erfasst oder von einem Strolch erdrosselt wurde ...

Die Wahrheit ist, dass ich dich so gut wie jeden Tag deines Lebens gezielt angelogen und dir frei erfundene Geschichten erzählt habe – und zwar gerade dann, wenn es um deine tiefsten Ängste und Hoffnungen ging. Dass ich mich seit Jahren redlich bemühe, dich möglichst verantwortungsbewusst in diese Welt zu schwindeln. Weil ich ja will, dass du zu jemandem heranwächst, der innerlich gefestigt genug ist, um später einmal:

die Wahrheit zu sagen, auch wenn es unbequem ist,
Prinzipien zu folgen, von denen du wollen kannst, dass sie ein allgemeines Gesetz werden,
den Mut zu finden, dich deines eigenen Verstandes zu bedienen,
dir selbst zu vertrauen, wenn die Regeln keinen Halt mehr bieten und die Fragen keine Antworten finden,
hoffnungsvoll in den Abgrund zu schauen, der das Sein vom Sollen trennt.

Also genau das, was Kant sich für jedes vernunftbegabte Wesen wünschte, das »die Natur aus ihrem Mutterschoße entließ und in die weite Welt stieß«. Und was er als Ziel für durchaus erreichbar hielt. Wenn wir es nur wirklich wollten.

Vor allem wünschte ich mir, dass du, wenn die Zeit reif ist, auch noch den letzten kantischen Schritt auf deinem Weg hinauf ans Licht gingest: nämlich dich als erwachsener Mensch niemals ernsthaft in das Paradies der »harmlosen und sicheren Kinderpflege« zurückzuwünschen; also den Verlust der absoluten Geborgenheit, die Kinder in den Armen ihrer Eltern empfinden, als dein größtes Geschenk erkennen zu lernen. Diese Geborgenheit gibt es nämlich, so Kants Vermutung, für uns nur gelogen.

Aber das hat noch Zeit. Und bis es so weit ist, will ich gern bei dir bleiben.

– Papa?
– Ja, wenn es sein muss auch die ganze Nacht.

III. WILLST DU MITSPIELEN?

Denkt der Mensch also, weil Denken sich bewährt hat? – Weil er denkt, es sei vorteilhaft zu denken?
(Erzieht er seine Kinder, weil es sich bewährt hat?)

Ludwig Wittgenstein, *Philosophische Untersuchungen*, § 467

HABEN STEINE SCHMERZEN?

Und warum diese Frage nicht ganz schmerzfrei zu lösen ist

Ich habe ziemlich lange darüber nachgedacht. Zeit genug gab es ja. Weiß Gott. Aber so recht vermag ich noch immer nicht zu sagen, ob das, was du treibst, nun ein Spiel ist oder nicht. Unzweifelhaft gibt es da bedeutende Ähnlichkeiten, vor allem mit Patience; es hat auch etwas von Murmeln, Darts und Curling. Und hin und wieder erinnert es mich gar an Kugelstoßen. Andererseits, Gewinner gibt es keine, genauso wenig wie feste Regeln oder Ziele.

Was soll's? Hängt ja nichts davon ab, ob es nun ein Spiel ist oder nicht. In jedem Fall ist es deine absolute Lieblingsbeschäftigung: Steine in den Teich werfen. Dazu hast du immer Lust. Da bist du ganz bei dir. Das wird dir nie zu viel.

Bereits bei der bloßen Erwähnung des Wortes »See« stürmst du jubelnd in den Flur, ziehst dir deine Schuhe selbst und richtig rum an, knöpfst dir fehlerfrei den Mantel zu, öffnest allein die Tür und läufst wohlgelaunt mit strammem Schritt voran, wo du sonst nur maulst und trödelst. Und stehen wir erst einmal am Kieselstrand, bedarfst du für volle Stunden keiner weiteren Ansprache oder Aufmunterung mehr – was an sich ein wahr gewordener Traum wäre, müsste ich nicht die ganze Zeit über direkt neben dir bleiben und darauf achten, dass du nicht ins Wasser fällst.

– Was gefällt dir eigentlich so daran, Steine in den Teich zu werfen?
– Dass es platscht!

– Und das ist alles? Mehr nicht?
– Es sieht auch so schön aus!
– Die Kreise, meinst du?
– Die großen Steine machen größere Kreise!
– Und sie platschen auch lauter, nicht wahr?
– Ja, und wenn ich zweimal an die gleiche Stelle werfe, werden die Wellen noch höher!

Da hast du schon mal was Wesentliches erkannt über unsere Welt. Und so, wie du es beschreibst, ließe sich für dich ja tatsächlich kaum eine bildendere Beschäftigung denken. Man muss sich nur einmal hinknien und das Schauspiel mit deinen Augen betrachten: Steine in den Teich werfen, das ist Musizieren und Malen, ist Experimentieren und Meditieren, bedeutet Kunst, Technik und Natur in einem kleinen Wurf. Sogar eine höhere Moral birgt dies Spiel bei näherer Betrachtung, denn was ist unser Leben denn anderes als eine Lehrzeit für die Erkenntnis, dass um jeden Kreis ein weiterer gezogen werden kann – und sich also schon morgen jede Erkenntnis, die wir heute noch für gewiss und unabänderlich halten, als nichtig und falsch erweisen kann?

– Willst du auch mal einen Stein werfen, Papa?
– Nein, ich sehe dir lieber zu. Du machst das so gut.
– Schau mal, ich habe einen Rubin gefunden!
– Einen Rubin? Zeig mal her! Bist du dir sicher?
– Ja, weil er so schön glitzert und rot ist. Rubine sind rot.
– Und sie sind sehr, sehr wertvoll ...
– Und platschen tun sie auch!

– ... Ach, da sinkt er dahin, der schöne Rubin. Nie wieder wird er die Sonne sehen, nie wieder rot in ihr glitzern. Was für ein Jammer!

– Tschü-üüss, gute Reise.

– Sag mal, hast du denn kein bisschen Mitleid mit den Steinen?

– Neiiiiin. Wieso denn? Sie haben doch keine Augen.

– Aha. Und nur weil sie keine Augen haben, denkst du, können sie auch nichts fühlen?

– Sie haben ja auch keinen Kopf.

– Aber was, wenn sie sich tief im Innern dennoch fürchten könnten, dennoch Schmerzen empfänden?

– Nein. Können sie nicht.

– Das hast du dir aber fein zurechtgelegt: Keine Augen, keine Schmerzen – keine Schmerzen, kein Mitgefühl. Oder wie?

– Ach Papa, das sind doch nur Steine!

Klingt ziemlich robust. Vom Ton her. Und vor allem auch vom Inhalt. Gerade so, als ob es ohne das passende Verhalten keine Schmerzen gäbe. Bei Steinen will ich ja gar nicht ernsthaft mit dir streiten. Aber was ist mit Pflanzen? Bäumen? Muscheln? Quallen? Oder Fliegen? Und alldem, was hier im See und um ihn herum noch so kreucht und fleucht. Diese Organismen könnten doch durchaus etwas empfinden, das dem, was wir »Schmerz« nennen, zumindest nahekommt, auch wenn sie uns kein schmerzverzerrtes Gesicht zeigen können. Letztlich kommt es bei der Frage, ob ein Wesen Schmerzen verspürt oder nicht, doch nicht auf das für uns erkennbare Verhalten an, sondern allein darauf, was in dessen Innerem vor sich geht und konkret empfunden wird.

– Könntest du mich mal kurz zwicken?

– Warum denn?

– Nur so. Ich möchte etwas ausprobieren.

– Na gut.

– *Warte! Ich mache nur noch schnell die Augen zu. Auf drei: Eins,
zwei, drei ... Hast du schon angefangen?*
– *Papa, ich kann auch doller pfetzen!*
– *Ja, so ist gut ...*
– *Ich kann auch noch doller pfetzen!*
– *Nein, aua! Ist wirklich nicht nötig. Du kannst jetzt auch auf-
hören. Das war genau richtig.*
– *Komisch. Ist das ein Spiel oder so was?*
– *Eigentlich nicht. Ich wollte nur etwas überprüfen. Aber jetzt, wo
du es so sagst, könnten wir ja ein Spiel daraus entwickeln. Wir
könnten uns zum Beispiel bei den Armen halten, die Augen schlie-
ßen und uns dann gegenseitig genau gleich stark zwicken. Dann
würden wir genau gleichzeitig genau dasselbe spüren. Das wäre
doch mal lustig. Findest du nicht?*
– *Möchte ich aber nicht. Ich möchte lieber Steine werfen.*
– *Schon gut. Dann mach mal weiter.*

Außerdem stimmt es ja gar nicht, dass wir beide bei meinem
Spiel *denselben* Schmerz gespürt hätten. Am Ende kommt
doch keiner raus aus dem eigenen Kopf. Und deshalb weiß
auch jeder nur aus ureigenster Erfahrung, wie Schmerzen
sich anfühlen, und damit, worauf das Wort »Schmerzen« sich
bezieht, und letztlich also, was das Wort »Schmerz« bedeutet.
Das scheint wohl klar genug zu sein.

Wenn dem aber so ist, wäre es dann nicht möglich, dass das,
was jeder aus eigener Erfahrung »Schmerz« nennt, sich für
jeden Einzelnen von uns in Wahrheit jeweils ganz anders anfühlt – und zwar, ohne dass wir dies jemals feststellen würden oder auch nur feststellen könnten?
Ich meine, worauf basiert eigentlich unsere felsenfeste All-
tagsgewissheit, jeder unserer Mitmenschen verspüre im In-

neren bei dem, was er für sich »Schmerz« zu nennen gelernt hat, tatsächlich die gleiche oder zumindest eine mehr oder weniger ähnliche missliche Empfindung wie man selbst?

Liegt das womöglich doch nur daran, dass alles, was Augen hat, sich mehr oder minder ähnlich verhält, wenn es Schmerzen verspürt, und deshalb jeder einfach meint, umstandslos vom eigenen Empfindungs-Fall auf den Fall aller anderen gleichgearteten Wesen schließen zu können?

So gesehen ruhte alles Mitgefühl dieser Welt auf nichts anderem als einem Analogieschluss (Wie bei mir, so bei dir!) – und zwar einem Analogieschluss, dessen Gehalt auf ewig ungesichert und unbestätigbar bleiben muss.

Das ist durchaus eine verstörende Aussicht, die bereits René Descartes so tief beunruhigte, dass er in seinem Werk *Meditationen* ernsthaft die Möglichkeit erwog, alle anderen Menschen um ihn herum könnten in Wahrheit nur seelen- und empfindungslose Automaten sein (in sie hineinkriechen und ihr Empfindungsleben überprüfen konnte er ja nicht), was ihn zu guter Letzt auf die einzige Wahrheit führte, die er als denkender Mensch niemals vernünftig würde bezweifeln können, nämlich die, dass zumindest er selbst – wie auch immer es um das Leben, Denken und Fühlen anderer Wesen in Wahrheit bestellt sein mochte – ein zweifelndes und denkendes Wesen sei.

– Aber zumindest denken, ganz für sich im Stillen, das könnten Steine möglicherweise schon. Was glaubst du?

– Steine denken? Wieso denn denken?

– Na ja, ich meine es so: Du denkst doch auch manchmal im Stillen vor dich hin, oder?

– Ja, hier oben nämlich, in meinem Kopf! Immer so rumrumrum.

– Eben. Und so, wie du manchmal im Stillen so rumrumrum denkst, ohne mir davon zu erzählen, könnten Steine doch einfach immer im Stillen so rumrumrum denken.

– Nein, Papa.

– Wie bist du dir so sicher? Kannst du etwa in sie hineinschauen?

– Sie haben doch keinen Mund und keinen Denkkopf.

– Und ohne die geht es nicht?

– Nein, geht es nicht.

– Du kennst dich aber ganz schön aus.

– Schau, Papa, die Schlange hat auch einen Mund, einen Kopf und Augen, aber sie kann nicht sprechen. Und sie geht immer den gleichen Weg. Sie ist nicht besonders klug.

– Aha. Aber wie steht es dann zum Beispiel mit deiner Puppe, der Lilly. Die hat Augen, einen Mund und einen Kopf, sieht genauso aus wie wir, und wenn du sie in der Mitte drückst, spricht sie sogar. Die Lilly kann dann doch denken, oder?

– Nein. Die ist doch nicht echt!

– Wie, nicht echt: keine echte Puppe?

– Nein, kein echter Mensch!

– Manchmal tröstest du sie aber und unterhältst dich mit ihr – gerade so wie mit einem Menschen.

– Aber doch nur im Spiel!

– Und außerdem sagt sie ja auch immer das Gleiche, wenn man sie drückt.

– Ja, das ist auch nicht besonders klug.

Dann fasse ich mal zusammen: Nur von dem, was Augen hat und lebt, willst du sagen, es könne etwas empfinden – und verdiene also dein Mitleid. Und nur von dem, was einen Mund hat, einen Denkkopf, was sprechen kann und »nicht immer den gleichen Weg geht«, bist du bereit zu sagen, es denke. Und wenn ich dich richtig verstehe, siehst du sogar einen engen Zusammenhang zwischen der Fähigkeit, sprechen zu können, und der Eigenart, »nicht immer den gleichen Weg« zu gehen. Jedenfalls willst du von etwas, das immer nur das Gleiche sagt – ganz egal, was man nun mit ihm anstellt oder es fragt –, nicht sagen, es könne sprechen. Und also nicht, es könne so richtig denken.

Das ist nicht schlecht. Wenn du dich an diese Grundsätze hältst, sparst du dir, das kann ich dir versprechen, schon einmal eine Menge Probleme im Leben. Vor allem sogenannte philosophische. Nicht zuletzt weil das, was du sagst, vom Ansatz her ziemlich genau den Positionen entspricht, wie sie Ludwig Wittgenstein in einem Buch mit dem Titel *Philosophische Untersuchungen* vertritt. Denn in diesem Buch – viele halten es für das bedeutendste philosophische Werk des zwanzigsten Jahrhunderts – unternimmt es Wittgenstein, den Leser davon zu überzeugen, dass so ziemlich jedes Problem, über das sich Philosophen seit Descartes den jeweils eigenen Kopf zu zerbrechen pflegen, sich in Luft aufzulösen beginnt, sofern man nur in den richtigen Worten über diese Probleme nachdenkt – was freilich keine so leichte Sache ist, zumindest nicht für sogenannte Erwachsene. (Es ist deshalb gewiss auch kein Zufall, dass es in Wittgensteins Buch von neunmalklugen Kindern, ulkigen Spielen und sprechenden Puppen nur so wimmelt.)

Einer chronologischen Ordnung folgen die kurzen, auf den ersten Blick immer ein wenig rätselhaft anmutenden Gedankenskizzen und Dialoge, aus denen Wittgensteins *Philosophische Untersuchungen* bestehen, übrigens nicht. Vielmehr gleicht jeder einzelne nummerierte Paragraf einem Stein, der, lässt man sich nur einmal auf seine Wirkung ein, beginnt, im eigenen Inneren immer weitere Kreise zu ziehen.

So wie zum Beispiel dieser:

§ 314. Es zeigt ein fundamentales Missverständnis an, wenn ich meinen gegenwärtigen Zustand der Kopfschmerzen zu betrachten geneigt bin, um über das philosophische Problem der Empfindung ins Klare zu kommen.

Oder dieser:

§ 390. Könnte man sich vorstellen, dass ein Stein Bewusstsein hätte? Und wenn's Einer kann – warum soll das nicht bloß beweisen, dass diese Vorstellerei für uns kein Interesse hat?

Oder dieser:

§ 359. Könnte eine Maschine denken? – Könnte sie Schmerzen haben? – Nun, soll der menschliche Körper so eine Maschine heißen? Er kommt doch am nächsten, so eine Maschine zu sein.

> *– Aber sag mal, wenn du dich mit deiner Puppe Lilly so unterhalten könntest, wie zum Beispiel mit mir, Mama oder meinetwegen auch Schwester Maja, würdest du dann zugeben, dass die Puppe denken kann?*
> *– So eine Puppe gibt es nicht.*

Das stimmt. Auch wenn ich nicht weiß, woher du das so genau wissen willst. Bisher hat es noch kein Mensch geschafft, eine Puppe oder eine Maschine zu bauen, die »im Sprechen eigene Wege« geht – von künstlichen Augen oder Mündern, die du ernsthaft bemitleiden wolltest, ganz zu schweigen.

Aber ausschließen, dass es uns eines Tages einmal gelingen wird, solche Maschinen zu bauen, lässt es sich auch nicht. Jedenfalls nicht philosophisch. Und wenn es uns denn gelänge, müssten wir von diesen »Maschinen« dann nicht auch sagen, sie könnten denken, gar fühlen?

Mensch, stell dir das nur mal vor: so eine kleine Denk-Fühl-Maschine, wie sie am Ufer dieses Teiches steht und einen Stein nach dem anderen ins Wasser wirft. Einfach, weil es platscht und die Kreise so schön anzusehen sind. Was würden wir wohl machen, mit so einem Maschinchen?

Vermutlich würden wir erst einmal in der Gebrauchsanleitung nachsehen, dann die Batterie überprüfen und es schließlich mit dringendem Verdacht auf schwere Systemstörung unverzüglich in die nächste Vertragswerkstatt bringen.

– Aua, Papa, nicht so fest. Du tust mir weh!

– Tut mir leid. War ein Liebesdrücker. Der musste jetzt einfach sein.

WARUM KÖNNEN HUNDE NICHT SPRECHEN?
Und weshalb man bei dieser Frage früher oder später ins Schwimmen gerät

– *Also, ich gehe dann. Tschüss.*
– *Ja. Tschüüüüss.*
– *Ich geh jetzt wirklich, dann kannst du sehen, wie du alleine nach Hause kommst.*
– *Ja, mache ich. Tschüüüüss.*
– *Und glaube bloß nicht, dass ich wiederkomme, um dich abzuholen. Ich gehe jetzt nämlich. Wirklich!*
– *Ja. Mach's gut dann. Tschüüüüss.*

Biest! Schütteln sollte ich dich! Am Kragen packen und den ganzen Weg mit nach Hause schleifen. Verdient hättest du es allemal. Spätestens jetzt. Schließlich weißt du ganz genau, dass ich dich hier nicht allein am Ufer stehen lassen kann – nimmst mich mit deinem Trotz zur Geisel, versklavst mich mit deiner Unmündigkeit.
Nein, ich werde jetzt nicht umkehren, mich auf Augenhöhe begeben und ein weiteres Mal an deine Vernunft appellieren. Die entscheidenden Argumente sind längst ausgetauscht. Ich will nach Hause, weil es bald dunkel und kalt wird und du außerdem bald Hunger bekommst. Du willst lieber noch länger Steine in den Teich werfen, weil du lieber noch länger Steine in den Teich werfen willst. Was gibt es da zu diskutieren?

– *Sieh mal, wo ich jetzt hingehe. Ich gehe nach vorne zum Steg, wo die Hunde baaaaden. Tschüüüüüss.*

– Die Hunde? Wo baden die Hunde?

– Na hier vorne, am Steeeeg, vor allem der eine, den du so gerne maaaagst ...

– Warte, nicht so schnell, warte doch! Bitte.

– Gern, aber beeil dich ein bisschen!

– Toll, wie der Kerl den Stock aus dem Wasser holt. Das ist noch ein ganz junger Hund, und denk mal, kann schon so flink schwimmen. Ganz ohne Schwimmärmel!

– Wer hat ihm das Schwimmen denn beigebracht?

– Niemand. Das musste ihm niemand beibringen. Das kann er einfach. Das liegt ihm im Blut, in seiner Natur.

– Ich kann noch nicht schwimmen.

– Stimmt, aber das macht nichts, du bist ja auch noch kein Schulkind.

– Ja, das macht nichts. Gehen Hunde denn auch zur Schule?

– Manche ja – vor allem die ungezogenen Hunde müssen dorthin, damit sie lernen, sich anständig zu benehmen, zu gehorchen und bei Fuß zu gehen, wenn man es ihnen befiehlt.

– Hm. Lernen sie dort auch Lesen und Schreiben?

– Das nun nicht. Das ist nichts für Hunde.

– Klar, sie haben ja auch keine Hände!

– Ja, aber das ist noch nicht einmal der Hauptgrund.

– Sie könnten die Stifte ja in die Schnauze nehmen, das wäre lustig ...

– ... könnten sie vermutlich, aber Schreiben würden sie doch nie lernen. Und auch nicht Lesen. Weil sie nämlich auch etwas anderes nie lernen werden – etwas, was du schon lange kannst.

– Ballett tanzen!

– Nein, noch viel wichtiger, viel grundlegender. Es fängt mit »sp« an. Spr... Spre...

– Weil sie nicht sprechen können!

– So ist es, weil sie nicht sprechen können. Menschen sind überhaupt die einzigen Tiere auf der Erde, die sprechen können, ist dir das schon einmal aufgefallen?

– Ja, die Oma sagt ja auch immer zu mir: Mensch, kannst du nicht mal den Mund halten!

– Und was antwortest du dann?

– Dass ich den Mund nicht halten kann, weil ich doch ein kleines Mädchen bin.

– Und was sagt sie dann?

– Nix mehr.

Wohl wahr: Der Mensch ist das Wesen, das sprechen kann. Das wird keinem denkenden Wesen entgehen. Keinem Kind und keiner Oma. Weswegen die Philosophen dieses Vermögen auch von Anfang an zum eigentlichen Kern des Menschseins erklärt haben. So wie es Martin Heidegger in seiner Schrift *Was heißt Denken?* zusammenfasst: »Die Vernunft ist das Vernehmen dessen, was ist, und das heißt zugleich immer: was sein kann und sein soll ... So könnte man auch sagen: homo est animal rationale ... Das bloße Tier, ein Hund z. B., stellt nie etwas vor, er kann nie etwas vor-*sich*-stellen; dazu müsste er, müsste das Tier *sich* vernehmen. Es kann nicht ›ich‹ sagen, es kann überhaupt nicht sagen. Der Mensch dagegen ist nach der Lehre der Metaphysik das vorstellende Tier, dem das Sagenkönnen eignet.«

Freilich, gerade am Anfang gab es auch noch einige andere Versuche, das Wesen des Menschen philosophisch auf den Begriff zu bringen. So soll man sich in der Akademie Platons einst einstimmig auf die Formulierung »Mensch: federloses Wesen, das auf zwei Beinen geht« geeinigt haben. Worauf ein Witzbold gleich am nächsten Tag ein gerupftes Huhn vor den

Eingang der Akademie stellte und verkündete: »Seht her, ein platonischer Mensch!«

Genau genommen war es übrigens nicht irgendein Witzbold, sondern niemand anderes als Diogenes, der berühmt berüchtigte Kyniker (griech.: kynos = Hund). Als streunender Hundephilosoph stand er den Vorstellungen, die sich die edlen Herrschaften hinter den Toren der Akademie vom Wesen des Menschen so zusammenvernünftelten, stets äußerst skeptisch gegenüber.

– Papa, warum können Hunde denn nicht sprechen?

– Ach, weißt du, sie sprechen eben nicht. Das gehört einfach nicht zu ihrer Natur. Sie brauchen das auch gar nicht zu können, für ihr Hundeleben. Außerdem können sie ja bellen und heulen, wie die Wölfe. Nämlich so: Wauuuwauuuuoooooo!

– Ja, das Bellen bedeutet das Sprechen! Wauwauwauouuuuuuuuuuahuuuuuu!

– Fragt sich jetzt nur noch, was dieses »Wauwauwauouuuuuuuuuahuuuuuu!« wohl bedeutet. Was meinst du, was sie damit sagen wollen?

– Das weiß ich nicht.

– Ich auch nicht. Und wenn du mich fragst, die Hunde wissen es auch nicht immer so genau.

Hol's Stöckchen, hol's!

Da, jetzt wird das Vieh schon wieder ins eiskalte Wasser gejagt – und freut sich auch noch darüber. Hat den antrainierten Zwang als seine größte Freiheit genießen gelernt.

Ich weiß wirklich nie, ob ich diese Wesen nun beneiden oder bemitleiden soll. Dreimal am Tag raus, einmal fein Fresschen, der Rest wird auf dem Sofa gedöst und hin und wieder – zur allgemeinen Belustigung – einem Ball oder Stock hinterhergejagt. Als letzte private Freude verbleibt, mit der Schnauze im Müll des Nachbarn rumzuwühlen. So in etwa sieht sie aus, die zeitgenössische Existenz eines Reihenhausrüden.

Haus-Tier – das sagt einem doch bereits der Begriff, dass da etwas ganz grundsätzlich schiefgelaufen ist. Denn was anderes bedeutet er, als ein Tier in Jahrtausenden gezielter Kulturarbeit so weit zivilisiert zu haben, dass es nicht mehr für sich selbst sorgen kann – oder auch nur will? Und zwar gerade im Falle des Hundes mit solch einer perfiden Perfektion, dass diese Kreaturen uns sogar noch von Herzen dankbar für diesen Entmündigungsdienst sind. Kein Wunder, dass sie ihr eigenes Gebell nicht mehr verstehen.

Ob sich wohl ein einziger dieser Pädagogen, die den erzieherischen Wert eines Hundes hervorheben, je darüber Gedanken gemacht hat, was es für unsere Kinder in Wahrheit bedeutet, Tag für Tag mit einem winselnden Kriecher zu leben, der geradezu danach lechzt, sich unterworfen und entmündigt zu wissen, und dankbar dafür ist, nicht für sich selbst sorgen zu können?

Also nee, wirklich nicht. So was kommt mir nicht ins Haus. Das kann ich meinem Kind einfach nicht antun.

– Papa, weißt du was. Wenn die Hunde mit dem Schwanz wedeln, sind sie froh.

– Ja, das stimmt.

– Und wenn sie die Zunge herausstrecken und »hehehehehe« machen, sind sie durstig.

– Stimmt auch. Und was machst du, wenn du die Zunge so herausstreckst?

– Dann spiele ich Hund. Papa, du, Papa ...

– Was?

– Ich mag Hunde so gerne. Könnten wir nicht auch einen Hund haben?

– Du, im Prinzip liebend gerne. Aber es geht leider nicht. Der Papa hat nämlich eine schwere Hundeallergie. Hab ich dir doch schon oft erklärt.

– Ach bitte, bitte, Papa! Ich möchte aber so gerne einen.

– Und auf dieses Bitte-bitte-Gewinsel reagiere ich noch allergischer, das habe ich dir auch schon oft erklärt.

– Nur einen. Einen kleinen. Bitte!

– Nein, es geht nicht. Wie stellst du dir das überhaupt vor, so ein Leben mit Hund?

– Schön.

– Aha. Schön. Und was würdest du dann machen, mit dem Hund, wenn du einen hättest?

– Stöcke werfen. Spielen. Und spazieren gehen. Schwester Maja hat auch einen Hund, in Poopipääpi nämlich.

– Und: Kann Schwester Majas Hund sprechen?

– Neeiiin, natürlich nicht. Aber er ist ihr bester Freund.

– So? Ich dachte, du seiest ihre beste Freundin.

– Weißt du, Schwester Maja hat zwei beste Freunde. Mich und den Hund!

– Das glaube ich nicht, völlig unmöglich.

– Wieso denn?

– Na überleg doch nur mal, was ein Hund alles nicht kann: Höhle spielen? Kann er nicht! Geschichten erzählen? Kann er nicht! Rätsel raten? Kann er nicht! Er kann sich keine Witze ausdenken, nicht planen, was er morgen machen will, dir nicht von seinen Träumen berichten, nichts versprechen, ja noch nicht einmal eine Frage stellen. Und wer all das nicht kann, der kann auch kein wahrer Freund sein. Das kannst du Schwester Maja gern von mir ausrichten.

– Ooch. Aber ich habe Hunde doch so lieb. Bitte! Bitte!

Aussichtslos. Es gibt einfach Wünsche, die lassen sich nicht mit Argumenten therapieren. Und der Wunsch nach dem

Hund gehört zweifellos dazu. Das hätten sie damals in der Platonischen Akademie mal als Bestimmung des Menschen vorschlagen sollen:»Wesen, das sich, sobald es sprechen kann, einen Hund wünscht.« Da wäre ich wirklich gespannt gewesen, was der Herr Diogenes am nächsten Morgen zur Widerlegung vor die Tür gestellt hätte!

Andererseits, vermutlich ist der kollektive Kinderwunsch nach dem Hund doch eher ein vergleichsweise junges Kulturphänomen.

– Sag mal, was glaubst du eigentlich, weshalb Menschen sprechen können?

– Vielleicht, weil sie auf zwei Beinen laufen.

– Ja, da könnte was dran sein. Aber die Kängurus zum Beispiel stehen auch auf zwei Beinen und können trotzdem nicht sprechen. Die zwei Beine allein können es also nicht ausmachen.

– Dann weiß ich es nicht.

– Aber versuch doch mal, ein wenig darüber nachzudenken. Warum sprichst du denn mit mir?

– Weil du mein Freund bist.

– Das ist eine schöne Antwort. Sehr schön sogar. Aber manchmal fragst du mich doch auch etwas, zum Beispiel, wer den Hunden wohl das Schwimmen beigebracht hat? Warum tust du das?

– Weil ich auch einen Hund will!

– Nur deshalb? Dann sage ich dir jetzt mal was unter Freunden. Wenn das so ist, brauchst du mich nichts mehr zu fragen, denn einen Hund wird es nicht geben.

– ... und weil ich so eine neugierige Maus bin!

– Das klingt schon vernünftiger: weil du so eine neugierige Maus bist, deswegen sprichst du mit mir.

– Können wir jetzt bitte nach Hause gehen?

– Hungrig, oder wie?

– Ja, Riesenhunger.
– Na dann.

Wissen würde ich es wirklich gerne: Warum können wir sprechen? Was trieb uns dazu? Weshalb hat sich bei uns überhaupt diese Fähigkeit des Sagen-Könnens entwickelt und ausgebildet?

Klar, irgendeine Antwort wird es darauf aus biologisch-evolutionärer Sicht schon geben: Weil es unserem Fortbestehen als Art förderlich war, weil diese Fähigkeit konkreten Nutzen im Kampf ums Überleben hatte. Etwas in dieser Richtung. (Weil unsere Savannenvorfahren ihre Nachbarn so effektiver überwachen konnten, habe ich neulich gelesen.)

Aber kann das die ganze Antwort sein? Taugt sie wirklich für jede Weise unseres Sprechens, vor allem für diejenige, die uns am tiefsten betrifft?

Ich meine, welcher evolutionäre Vorteil liegt denn darin, dass wir Menschen – sobald wir sprechen können und also zur eigenen Vernunft kommen – damit beginnen, uns mit allem Ernst und aller Energie eine ganz besondere Art von Fragen zu stellen, Fragen, die wir einfach nicht beantworten können: metaphysische Fragen. Ganz so, wie es Immanuel Kant in den ersten Sätzen seiner *Kritik der reinen Vernunft* festhält: »Die menschliche Vernunft hat das Schicksal, dass sie durch Fragen belästigt wird, die sie nicht abweisen kann, denn sie sind ihr durch die Natur der Vernunft selbst aufgegeben, die sie aber auch nicht beantworten kann, denn sie übersteigen alles Vermögen der menschlichen Vernunft.«

Worin liegt wohl der evolutionäre Nutzen dieser speziell menschlichen Neugier? Oder wäre sie – evolutionär gesehen – schlicht der kuriose Nebeneffekt einer an sich nützlichen Fähigkeit des Sich-Vernehmen-Könnens und damit vor allem der Fähigkeit, sich vorzustellen, was sein kann und sein soll?

Wer hat das metaphysische Stöckchen wohl geworfen? Und wieso können wir nicht anders, als ihm immer wieder aufs Neue hinterherzujagen – was für die meisten von uns nichts anderes heißt, als ohne Vorbereitung in einen See zu springen, der keine flachen Ufer hat.

– Schau, Papa, jetzt kommt er zurückgeschwommen!

– Gleich schüttelt er sich, wirst sehen.

– Ja, dann spritzt er alles nass! Das ist so lustig.

– Ist schon was Schönes, so ein Hund.

– Etwas sehr Schönes!

– Weißt du, machen wir es doch so: Wenn du erst einmal ein Schulkind bist und gelernt hast, ganz ohne Schwimmärmel zu schwimmen, dann reden wir noch einmal darüber, ob wir uns nicht vielleicht doch einen Hund anschaffen.

– Au ja! Au ja! Aber, Papa, bist du dann denn nicht mehr allergisch?

– Doch. Nun, weißt du, das sehen wir dann. Immer schön der Reihe nach. Ein Problem nach dem anderen.

WOFÜR SOLL ICH MICH ENTSCHULDIGEN?
Und weshalb diese Frage keine Ausreden duldet

– *Du brauchst mich gar nicht so anklagend anzuschauen! Wenn es nach mir gegangen wäre, wären wir schon vor einer Stunde zu Hause angekommen. Dann stünde das Essen längst auf dem Tisch.*
– *Ich gucke doch gar nicht. Hab nur Hunger.*
– *Der Reis braucht nicht mehr lange, wirklich.*
– *Ich habe aber jetzt Hunger.*
– *Ich auch. Aber die zehn Minuten müssen wir eben noch gemeinsam durchhalten.*
– *Wie lang sind denn zehn Minuten?*
– *Nicht lang.*

– *... Bekomme ich einen Keks?*
– *Nein, was Süßes, so kurz vor dem Essen, kommt nicht in Frage.*
– *Ich möchte aber einen Keks.*
– *Und ich habe nein gesagt. Hast du doch gehört, oder?*
– *Ja, habe ich gehört.*
– *Und, hast du auch verstanden, was du gehört hast?*
– *Ja.*
– *Dann ist ja alles klar. Denn du weißt doch, wenn ein »Nein« kein nein mehr bedeutet ...*
– *... dann bedeutet ein »Ja« auch kein ja mehr.*
– *Eben, und dann würden wir beide einander überhaupt nicht mehr verstehen und vertrauen können. Klar?*
– *Ja.*

Eigentlich ganz einfach. Ich kann dein Verlangen ja bestens nachempfinden. Mein Blutzuckerspiegel ist genauso im Keller, weswegen uns so eine kleine Schokoladenkeksbrücke für die kommenden zehn Minuten gewiss einiges ersparen würde. Aber es geht nun mal nicht. Es wäre nicht richtig.

– *Bekomme ich dann wenigstens ein Salamibrot? Eins nur?*
– *Na, gegen ein kleines Salamibrot gibt es im Prinzip nichts einzuwenden. Aber zuerst hörst du auf zu wippen! Sonst kippst du mit dem Stuhl am Ende noch um, und dann herrscht wieder Geschrei.*
– *Gut. Ich hör schon auf. Das Salamibrot aber mit Butter!*
– *Mit Butter, verstanden.*
– *... und den Apfelsaft mit Wasser, aber kein Sprudelwasser!*
– *Hörst du jetzt bitte sofort auf zu wippen!*
– *Oh, Entschuldigung.*

Entschuldigung, pah, du willst mich wohl für blöd verkaufen! Mir ist schon klar, was da gerade in deinem Kopf vorging: *Ich weiß genau ich soll nicht kippeln ich will aber nun mal kippeln und der Alte ist beschäftigt dreht mir den Rücken zu sieht mich also nicht also kipple ich und wenn er mich erwischt sage ich einfach »Entschuldigung« das hat bisher noch immer geholfen.*

– *Und außerdem will ich dir mal eines sagen: Ganz bewusst etwas zu tun, von dem man weiß, dass man es nicht tun soll, und dann, nachdem man erwischt wurde, einfach »Entschuldigung« zu sagen, das ist es nicht, was es bedeutet, sich zu entschuldigen. So funktioniert das nicht!*
– *Schon gut.*

Gar nicht gut. So funktioniert das wirklich nicht. Nicht das Entschuldigen. Und ganz gewiss auch nicht das Erklären der

Bedeutung von »sich entschuldigen«. Ich versage mal wieder auf ganzer Linie. Als Vater. Vor mir selbst. Vor dir.

Eltern wie mich wird Wittgenstein im Sinn gehabt haben, als er von einer ebenso weit verbreiteten wie abwegigen Vorstellung dessen sprach, was es heißen könnte, Kindern die Bedeutung unserer Worte beizubringen. Wenn wir nämlich, wie er schreibt, das Kind so behandeln, als käme es »in ein fremdes Land und verstehe die Sprache des Landes nicht; das heißt: so als habe es bereits eine Sprache, nur nicht diese. Oder auch: als könne das Kind schon *denken*, nur noch nicht sprechen.«

Das Fatale dieser Annahme liegt ja weniger darin, sprachphilosophisch abwegig zu sein – als ob du schon ganz genau wüsstest, was Basmatireis und Bio-Hähnchen sind, und lediglich noch lernen müsstest, dass die Lautfolge »Basmatireis« Basmatireis bedeutet und »Bio-Hähnchen« Bio-Hähnchen. Nein, der eigentliche Skandal ist ein moralisch-pädagogischer. Denn meine Neigung, dich so zu behandeln, als könntest du bereits (in einer anderen Sprache) denken, verführt mich immer wieder zu der Annahme, ganz genau zu wissen, was da gerade so in deinem Kopf vor sich geht; was im konkreten Fall wiederum nichts anderes bedeutet, als dir ebenjene Gedanken und Strategien zu unterstellen, die ich (manchmal in meiner Vorstellung von mir als Kind in deinem Alter) in der jeweiligen Situation selbst verfolgt hätte. Womit ich dir faktisch also unterstelle, ein genauso gewieftes Moralschweinchen wie ich selbst zu sein – nur eben in klein. Ein Wesen, das Entschuldigungen gängigerweise halb-automatisiert vor sich hin nuschelt oder sie aber, wenn es nützlich und aussichtsreich erscheint, auch mal gezielt strategisch einsetzt.

Um allerdings so tun zu können, *als ob* du dich ehrlich bei mir entschuldigen wolltest, müsstest du ja erst einmal begriffen haben, wie und weshalb man sich überhaupt entschuldigt, müsstest du die Regeln dieses Sprachspiels – wie Wittgenstein es nennt – also bereits recht gut beherrschen und überschauen. Und um das zu können, müsstest du – Minimum! – wissen und also in jeweiligen Situationen erkennen können, was es bedeutet, »zu handeln« und damit »für etwas verantwortlich zu sein« oder »verantwortlich gemacht zu werden«; den Unterschied zwischen beiden müsstest du kennen sowie natürlich die Unterscheidung zwischen etwas »mit Absicht« oder nur »aus Versehen« tun; und in der Folge auch die Unterscheidung zwischen »fahrlässig«, »vorsätzlich« und »rücksichtslos«, zwischen »unbedarft« und »blauäugig«, zwischen »selbstvergessen« und »gedankenlos«, zwischen »unfreiwillig« und »gezwungenermaßen«, »gleichgültig« und »achtlos«, »überkandidelt« und »aufgedreht«, »ungezogen« und »schlecht erzogen«, »naiv« und »ungebildet«, zwischen »tumb«, »ungeschickt« und »ungelenk«, zwischen »offenbar« und »vorgeblich«, »unglücklich« und »glücklos«, zwischen »anscheinend« und »scheinbar« sowie einiger Dutzend weiterer sprachlicher Ausdrücke, deren Verwendung in einer jeweiligen Situation zum Ausdruck bringt, ob und, wenn ja, welche Entschuldigung für das eigene Verhalten am Platz scheint und ob diese Entschuldigung, in richtiger Weise geäußert, ehrliche Annahme erwarten oder nur erhoffen darf.

Wenn ich dir allerdings so zusehe, wie du mit dem Salamibrot in der rechten Hand selbstvergessen vor dich hin kippelst, kommt es mir doch eher unplausibel vor anzunehmen, du verfügtest bereits über die Fähigkeit, all diese Unterscheidungen für dich zu treffen – und müsstest jetzt nur noch die dazugehörigen Lautfolgen einüben. Du weißt ja noch nicht einmal, wie lange zehn Minuten sind!

Ist auch kein Wunder. Schließlich bist du nicht aus einem

fremden Land an unseren Tisch gereist, sondern erst vor kurzem in diese Welt gekrochen.

– Du, tut mir leid, dass ich dich gerade so angeschnauzt habe. Weißt du, ich bin eben auch hungrig, und wenn ich hungrig bin, bin ich leicht reizbar, dann wird alles irgendwie so eng in meinem Kopf. Kennst du das?
– Ja, weiß ich doch schon.
– Bist ja lieb. Aber gekippelt wird trotzdem nicht! Verstanden?
– Ja.

Nicht, dass du immer gehorchen würdest, aber mir zuhören, das tust du schon – selbst dann, wenn ich nicht mit dir, sondern mit jemand anderem spreche. Du gehst eben ganz natürlich davon aus, dass ich meine Worte in Weisen verwende, die es, folgst du ihnen nur aufmerksam genug, auch dir ermöglichen werden, schon bald deinen eigenen Platz in unserer Gemeinschaft der Sprechenden einzunehmen.
Und zumindest an meinen besseren Tagen, mit ausreichend Zucker im Blut, versuche ich ja auch immer wieder ganz bewusst, dir die Bedeutung eines neuen Wortes beizubringen. Wie oft schon habe ich dich zum Beispiel auf dem Spielplatz ganz gezielt beiseite genommen und dir möglichst gewaltfrei eine Schaufel aus der Krallhand gelöst, um dir zu erklären, dass »diese Schaufel« »nicht uns gehört«, weshalb du sie dem »lieben Jungen«, dem du sie zuvor mit aller dir zur Verfügung stehenden Kraft entrissen hattest, wieder »freiwillig zurückgeben« »sollst«; dass du dich vor allem auch bei ihm »entschuldigen« sollst, weil er dich ganz zu Anfang ja bestimmt nicht »mit Absicht« getreten hatte und außerdem gerade erst gelernt hat, »mit Sand zu werfen«, und der Sand dir also nur aufgrund »unglücklicher Umstände« direkt in die Augen ge-

weht worden war; daraufhin habe ich dich entschieden in seine Richtung geführt, auf dass ihr euch wieder »versöhnt«, »umarmt« oder wenigstens »die Hand gebt«, einander wieder »lieb habt«, in der Hoffnung, dass ihr fortan »friedlich miteinander weiterspielen« möget. Ja: »So ist es gut!«

Da hab ich es dir doch beigebracht, wie und weshalb man sich entschuldigt, oder? Möglicherweise. In Ansätzen. Unter vielem anderen auch das.

Doch erst jetzt, wo ich mir diese Entschuldigungs-Beispiele ganz bewusst in Erinnerung rufe – Wittgenstein sagt, Philosophieren ist Erinnern zu einem Zweck! –, fällt mir auf, dass ich dir diese Sandkastensituation keineswegs so beschrieben und nahegebracht habe, wie ich sie für mich beschrieben, interpretiert und gelöst hätte. Vielmehr habe ich dir – wie alle anderen Eltern auf dem Spielplatz auch – versucht zu zeigen, was »Sich-Entschuldigen« in einem Land bedeuten würde, dessen Sprecher stillschweigend voraussetzen, was wir Erwachsenen schon lange nicht mehr glauben, nämlich, dass in Wahrheit kein Mensch absichtlich (ganz bewusst, in voller Kenntnis der Umstände, freiwillig) etwas Böses, Falsches, Widriges oder Verletzendes tut.

Was wir Eltern euch in diesen beispielhaften Situationen beibringen wollen, ist damit die Sprache eines Landes, in dem jeder Sprecher noch unverbrüchlich glaubt, was Sokrates einst bis zu seinem letzten Atemzug glaubte: dass etwas Böses zu tun nur eine bedauernswerte Form von Unwissen ist, die darin gründet, die wahre Bedeutung der Worte, die unser Handeln und Denken leiten, einfach noch nicht richtig begriffen zu haben – sich also noch in einem Zustand geistiger Unreife oder Verwirrung zu befinden, der es einem unmöglich macht, tatsächlich zu meinen, was man sagt, oder tatsächlich zu wissen, was man will.

Exakt für solche Zustände sprachlich bedingter Selbst-Verwirrung schlägt Sokrates – wie Wittgenstein in seinen *Untersuchungen* – all jenen, die schon sprechen können (oder vielmehr glauben, schon sprechen zu können), eine Therapie vor, die er »Philosophieren« nennt.

Eine Tätigkeit, die in nicht mehr und nicht weniger als dem Bestreben besteht, größtmögliche Klarheit über die Bedeutung der Worte zu erlangen, die man im eigenen Mund führt. Und als ideales Ziel dieser Therapie darf man sich wohl einen Menschen denken, der es vermöchte, eben jener Verantwortung und Autorität gerecht zu werden, die du mir – wie jedes Kind uns allen! – jeden Tag wieder mit natürlichster Selbstverständlichkeit zumutest: nämlich jemand geworden zu sein, der es vermag, andere, die es noch nicht (oder nicht mehr) vermögen, in die Kunst unseres Sprechens einzuweisen – ihnen die wahre Bedeutung unserer alltäglichsten Worte zu lehren.

Kliiirrrr!

– *Oh!*

– *Verdammt noch mal! Habe ich dir nicht dreimal gesagt, dass du nicht kippeln sollst?*

– *Entschuldigung, das wollte ich n...*

– *Was? Wolltest du etwa nicht kippeln?*

– *Nein ...*

– *Aber wie kommt es dann, dass du gekippelt hast?*

– *(Schluchzt.) Weiß ich nicht, ist einfach so passiert.*

– *Du hast also nicht absichtlich gekippelt, ist es das, was du sagen willst?*

– *Nein.*

– *Sondern hast einfach so vor dich hin gekippelt?*

– Ja, und dann, auf einmal, ist das Glas heruntergefallen.

– Liebes, du bist mit voller Wucht gegen den Tisch gerammt, deshalb ist das Glas auf den Boden gefallen.

– (Weint.) Aber das Glas stand so am Rand!

– Und sonst, meinst du, wäre es nicht heruntergefallen?

– Ich habe es nicht an den Rand gestellt!

– Sondern ich. Dann ist es also meine Schuld, dass das Glas kaputtgegangen ist?

– Ja. Wofür soll ich mich denn entschuldigen? Ich wollte es doch nicht. Ich bin doch nur so hungrig.

– Das glaube ich dir sogar. Jetzt beruhig dich mal wieder. Ich beruhig mich auch schon. Alles halb so wild. Ich mache jetzt erst einmal die Sauerei weg. Dann essen wir was – und danach, wirst sehen, sieht die Welt schon wieder ganz anders aus.

– Es war wirklich keine Absicht, weißt du.

– Jaja, weiß ich doch.

WILLST DU MITSPIELEN?
Und warum diese Frage in der Regel bejaht werden sollte

Mal wieder ganz schön Betrieb, da drüben bei euch am Katzentisch. Wie es eben so zugeht, wenn du mit deiner imaginären Freundin Schwester Maja »Mensch ärgere dich nicht« spielst. Oder besser gesagt, wenn du – begleitet von sporadischem Würfeleinsatz und lautstarken Anfeuerungen – bunte Holzfiguren nach eigenem Gutdünken von Feld zu Feld schiebst.

– *Was treibt ihr denn da Schönes?*
– *Wir spielen »Mensch ärgere dich nicht«. Siehst du doch!*
– *Ja, ist deutlich zu erkennen. Und, wer gewinnt?*
– *Ich natürlich!*
– *Aha. Und was sagt deine große Schwester Maja dazu, dass du immer gewinnst?*
– *Ihr macht das Spaß. Willst du auch mitspielen?*
– *Im Prinzip gern. Allerdings würde ich am liebsten nur mit dir allein spielen. Weißt du, wenn Schwester Maja dabei ist, zu dritt, da wird es immer gleich so kompliziert.*
– *(Tuschelt.) Gut, Schwester Maja wollte sowieso gerade aufhören.*
– *Hervorragend, dann lass uns doch gleich loslegen. Aber nur unter einer Bedingung: kein Geschrei, kein Geplärre – und keine Faxen! Wir spielen ganz friedlich und entspannt, in Ordnung?*
– *Jaja, brauchst du doch nicht extra zu sagen!*

Von wegen. Bisher haben wir noch keine einzige Partie zu Ende gebracht. Nach zehn Minuten, spätestens, lässt deine

Konzentration nach. Und da du an diesem Punkt in der Regel bereits aussichtslos zurückliegst, provozierst du ganz gezielt den Spielabbruch: mit Würfel an die Wand werfen, Figuren umstoßen und allem Pipapo.

Ich kann's dir nicht einmal verdenken. Mit Anstand verlieren ist keine so leichte Sache. Genauso wenig, wie mit Anstand gewinnen. Und von mir, fürchte ich, wirst du weder das eine noch das andere lernen.

> – *Ich bin blau! Blau ist nämlich meine Lieblingsfarbe!*
> – *Na gut, dann bin ich rot.*
> – *Und wer ist Schiedsrichter?*
> – *Beim »Mensch ärgere dich nicht« gibt es eigentlich keine Schiedsrichter.*
> – *Aber, Papa, du kannst ja trotzdem Schiedsrichter sein.*
> – *Klar, kann ich, kein Problem.*
> – *Ich fange an!*
> – *Normalerweise würfelt man das aus. Aber gut, du bist die Jüngere am Tisch, du fängst an!*

Da geht's schon los, mit der kindgerechten Aufweichung spielleitender Kriterien. Die ganz alltägliche Sonderbehandlung eben, wohlwollend und verheerend zugleich. Wenn ich da nicht höllisch aufpasse, zieht dein narzisstisch verblendetes Ich für sich noch den bleibenden Schluss, tatsächlich etwas ganz Besonderes zu sein, jemand, für den andere Regeln gelten, der sich alles erlauben kann.

> – *Wie viel ist das?*
> – *Zähl mal selbst die Augen, dann weißt du es.*
> – *Eins, zwei, drei, vier, fünf, sechs. Sechs!*
> – *Sechs, das bedeutet, du darfst ausrücken.*

– Juhu!

– Und ein weiteres Mal würfeln darfst du auch.

– Drei, das ist eine Drei. Eins, zwei, drei …

– Halt, nicht so schnell. Immer nur ein Feld pro Wurfzahl vor-rücken! So: Eins, zwei, drei! Da musst du hin!

– Mein ich doch: Dahin!

Klar, meintest du doch. Sagst du jedenfalls. Ist mir aber eigent-lich auch egal, was du gemeint hast oder nicht. Es geht hier ja vorrangig um das gesamtpädagogische Paket: Dich konzen-trieren sollst du lernen, dich spielend im Zählen üben; ler-nen, einen Würfel zu lesen, was ein »Feld« ist und eine »An-fangsaufstellung«, die Regeln des Spiels und was überhaupt eine »Regel« ist, die feinmotorische Umsetzung dieses Wissens und nicht zuletzt all die kleinen Rituale des Klagens und Frot-zelns, Spickelns und Täuschens, Fintierens und Schummelns, Prahlens und Hänselns … Die ganze schöne weite Welt des Brettspiels eben.

– Ojeojeoje! Sieht schlecht aus für mich. Du hast schon drei Figuren draußen. Ich erst eine.

– Papa, ich bin so guu-uut!

– Ja, bist du. Aber eine kleine Drei von mir, und schon sähe die Sache wieder ganz anders aus. Also: Pfft, pfft, pfft, jetzt eine Drei schnell herbei! Na, wer sagt's denn! Eine Drei. Dann auf Wie-dersehen und gute Reise, die Dame in Blau! Hübsch zurück zum Anfang!

– Ooh nein, das ist gemein!

– Das ist überhaupt nicht gemein. Schau doch, ich muss dich sogar schlagen. Mir bleibt ja gar keine andere Wahl.

– Hm. Jetzt eine Sechs, pfft, pfft, pfft, eine Sechs, hexhex!

– ... Fünf.

– Papa, darf ich noch mal versuchen?

– Nein, es geht immer abwechselnd. Zieh deine Fünf, dann bin wieder ich dran.

– Och Menno! Ich will aber noch mal!

– Tut mir leid. So sind die Regeln.

Und versuch mir bloß nicht zu erzählen, du wüsstest nicht ganz genau, was die Regel besagt. Ich will mir nämlich gar nicht erst vorstellen, was für einen Tanz du hier aufführen würdest, sollte ich es wagen, die Idee eines Extrawurfs für mich auch nur ins Gespräch zu bringen!

Wie ich sie dich gelehrt habe, diese Regel? Zugegeben, eigens aus dem Regelwerk vorgelesen habe ich sie dir nicht. Vielmehr habe ich dir diese Regeln so beigebracht, wie ich dir alles nahegebracht habe, was du in deinem Leben von mir gelernt hast, nicht zuletzt das Sprechen unserer Sprache.

Im Prozess des Spielens selbst, durch *Beispiele* und durch *Übung*. Ich mache es dir einfach richtig vor, und du machst es mir nach, ich beeinflusse dich durch Äußerungen der Zustimmung, der Ablehnung, der Erwartung, der Aufmunterung, und du veränderst dein Verhalten entsprechend. Ich lasse dich – je nachdem – gewähren oder halte dich zurück ... So läuft das zwischen uns beiden, immer hin und her, seit deiner Geburt. Nichts ist einfacher, nichts natürlicher als das.

Und doch, sobald ich anfange, genauer darüber nachzudenken, erscheint sie mir immer wieder wie das größte Wunder von allen: deine Fähigkeit, eine Regel zu erlernen – so ganz eigenständig, für dich, den entscheidenden Schritt vom Endlichen ins Unendliche zu gehen. Denn das bedeutet es ja, eine *Regel erlernt zu haben*: in der Lage zu sein, ein auf der Basis einer *endlichen Anzahl* von Beispielen erlerntes Verhalten fortan selbständig auf *unendlich viele andere, relevant ähnliche Fälle* anwenden zu können.

Wie du es jedes Mal wieder schaffst, die richtigen Schlüsse aus meinen Beispielen zu ziehen? Ich weiß es nicht. Ich weiß es wirklich nicht. Sicher weiß ich nur eines. Ich habe dir *diese* Fähigkeit nicht beigebracht. Vielmehr ist dein Vermögen zur *Projektion*, wie Philosophen das nennen, die alles bedingende Voraussetzung dafür, dass ich oder sonst ein Mensch dir überhaupt etwas beibringen kann.

Ich meine, hätte dir beispielsweise nach beständiger Ansprache und unzähligen Wiederholungen partout nicht aufgehen wollen, weshalb mein Paar Augen und die Augen deiner Mutter und die Augen deiner Puppe sich in relevanter Weise ähnlich genug sind, um allesamt »Augen« genannt werden zu können (sowie später zum Beispiel auch die Augen des Tigers, der Eule und des Octopus), niemals hättest du lernen können, das Wort »Augen« in unserer Sprache richtig zu verwenden, wärst gleichsam auf ewig blind für die Grenzen und Möglichkeiten dieses Wortes geblieben – und hättest schon gar nicht verstehen können, was ich vorhin meinte, als ich ganz selbstverständlich von den *Augen eines Würfels* sprach.

Und genau der gleiche, geradezu magisch erscheinende Blick für relevante Ähnlichkeiten ist es auch, der dir im Rahmen unseres »Mensch ärgere dich nicht«-Spielens das Erfassen der Regel »Es wird abwechselnd gewürfelt (es sei denn, nach einer Sechs)« ermöglichte.

Ganz leicht fiel dir das, gar kein Problem! Dein Riecher für die Regel war so ausgeprägt, dass du mir im Verlauf ja nicht einmal Fragen wie die folgende gestellt hast:

– *Papa, gilt die Regel »immer abwechselnd« unabhängig von der Farbe der Figuren?*

125

Obwohl ich dir darauf, glaube ich, noch überzeugend zu antworten gewusst hätte, genauso wie auf folgende denkbare Frage:

– *Papa, gilt die Regel auch für die blaue Figur aus Pappmaché?*
– *Du meinst für die Figur, die du mit Mama gebastelt hast, als die eine blaue wie vom Erdboden verschluckt blieb. Klar, für Züge mit der Ersatzfigur gilt die Regel auch. Wieso fragst du?*
– *Weil sie doch anders als die anderen ist!*
– *Weißt du, es kommt im Prinzip nicht auf das Material der Figur an. Da könnte auch ein Streichhölzchen oder eine getrocknete Pflaume liegen, solange wir uns nur einig sind, dass es sich dabei um eine Spielfigur handelt.*
– *Aha.*

Schon weitaus mulmiger allerdings wäre mir bei Fragen wie dieser geworden:

– *Papa, die Regel »Immer abwechselnd würfeln« gilt doch nur, wenn die Kinderzimmertür offen ist, gell?*
– *Was? Nein, was hat denn die Kinderzimmertür mit der Regel zu tun? Wie kommst du denn überhaupt darauf?*
– *Nur so. Könnte doch sein, dass das auch wichtig ist.*

Verstanden hätte ich deine Nachfrage. Aber warum nur ist sie mir bisher noch nie in den Sinn gekommen? Genauso wenig wie dir? Nun, weil die jeweilige Stellung einer Kinderzimmertür, so weit ich und du es bisher in unserer Welt begriffen haben, für die Regelgeltung eines Brettspiels einfach völlig irrelevant ist. Obwohl es ja durchaus sein mag, dass wir beide bisher ausschließlich bei offener Zimmertür gespielt haben, und also sämtliche Beispielsituationen, die dich die Regel »Immer abwechselnd« erfassen ließen, solch ein Regelverständnis zu stützen in der Lage gewesen wären.

Oder was hätte ich mit dir nur anstellen sollen, wenn du mich Folgendes gefragt hättest?

> – *Papa, gilt die Spielregel »Immer abwechselnd« nur auf der Erde?*
> – *Was meinst du, willst du etwa auf dem Mond mit mir »Mensch ärgere dich nicht« spielen?*
> – *Frag ja nur. Und, Papa, du bist doch mein Papa, oder?*
> – *Ja, natürlich.*
> – *Gilt die Regel »Immer abwechselnd« auch für Kinder, denen sie von ihren Tanten an einem Dienstag erklärt wurde?*
> – *Du, ich verstehe nicht ganz, was du meinst. Aber die Regel gilt für alle »Mensch ärgere dich nicht«-Spieler, an jedem Ort, zu jeder Zeit, ganz egal, an welchem Wochen-, Monats- oder Jahrestag sie wem, wo, von wem, unter welchen Wetterbedingungen nahegelegt und erklärt wurde. Klar?*
> – *Aha. Und, Papa? Papa?*
> – *Ja, was ist denn jetzt noch?*
> – *Gilt diese Regel, ich meine die Regel, dass diese Regel immer und überall gilt, jetzt wieder nur für Kinder, denen sie von ihrem Papa erklärt wurde? Oder auch für Kinder, denen sie von ihrer Tante an einem Dienstag erklärt wurde?*
> – *???*

Schon klar.

Kein Kind spricht so. Kein Kind, kein Mensch fragt tatsächlich so etwas. Außer ein paar wenigen Philosophen, denen offenbar nicht zu helfen ist. (Wo sollten diese Fragen auch enden können, wenn man erst einmal damit begonnen hat, *so* zu fragen?) Denn eines ist auch klar, jedenfalls mir: Wärst du ein Kind, das ernsthaft solche oder ähnliche Zweifel gehegt hätte, also ein Kind, dem sozusagen von Anfang an ein Gespür dafür abgegangen wäre, was nun an den Situationen, in denen ich dir eine Regel nahegelegt habe, für das Erfassen dieser Regel relevant ist (zum Beispiel, welche Zahl gewürfelt würde) und was *nicht* (Stellung der Tür, der Wochentag, Wetter, Verwandtschaftsgrad des Mitspielers ...), du wärst absolut chancenlos geblieben, diese Regel oder irgendeine andere Regel jemals zu erfassen und korrekt anzuwenden. Ja, trauriger noch, du wärst absolut chancenlos geblieben, überhaupt Sprechen zu lernen.

Woraus ich im Gegenzug schließen will, dass wir beide, du und ich – unsere Spiele, unsere Dialoge beweisen es! –, über alle Differenzen hinweg etwas teilen, das Wichtigste und Tiefste, was Menschen überhaupt miteinander teilen, nämlich einen Sinn für das, was uns wirklich wichtig ist.

Das ist doch schon mal ein Anfang. Weißt du, darauf lässt sich aufbauen, über alle Differenzen und Bockigkeiten hinweg. Zum Beispiel beim »Mensch ärgere dich nicht«. Immer wieder von neuem.

SOLL ICH DICH SCHLAGEN?

Und weshalb es auch bei dieser Frage ganz auf den Kontext ankommt

– *Ich will aber noch einmal würfeln. Das ist sonst so fies!*
– *Jetzt lass doch mal solche Worte beiseite. »Fies«, das hat hier gar nichts verloren. Was willst du eigentlich?*
– *Ich will noch mal würfeln!*
– *Aber das geht nicht. Soll ich dir etwa die Regel aus der Spielanleitung Wort für Wort vorlesen? Versteh doch, so ist das nun mal, wenn man »Mensch ärgere dich nicht« spielt. Es wird immer abwechselnd gewürfelt. Ich kann da auch nichts dran ändern.*
– *Wo ist denn das Heft mit den Spielregeln?*

Also komm. Das ist fies. Keine Ahnung, wo das Heft ist. Verschollen, unauffindbar. Und das schon seit mehr als 35 Jahren. Schau dir den Karton doch nur mal an. Das ist ein Erbstück! Auf diesem Brett haben bereits meine Schwester und ich uns unzählige Schlachten geliefert. Für das Brett bekäme ich bei eBay ein Vermögen!

Außerdem kann ich mich nicht erinnern, dass meine Eltern mir jemals aus diesem Heft vorgelesen hätten. Noch, dass ich sie jemals danach gefragt hätte. Dabei haben wir verdammt oft zusammen »Mensch ärgere dich nicht« gespielt, und ein Zuckerschlecken war das nicht, das kann ich dir versichern. Da ging es jedes Mal voll zur Sache.

Hm. Aber warum bin ich denn so sicher, dass wir damals, am heimischen Tisch, auch *richtig* gespielt haben? Und wie kann ich wirklich sicher sein, aus den – wie ich doch schwer hoffen will! – regelkonformen Anleitungen meiner Eltern als Kind für mich die richtigen Schlüsse gezogen, die *richtigen Spielregeln abstrahiert* zu haben, um sie dir korrekt weitergeben zu können?

– Also gut, also gut, wenn du dich wirklich ungerecht behandelt fühlst und partout beanspruchst, noch mal würfeln zu dürfen, dann rufe ich als offiziell ernannter Schiedsrichter zur Klärung der Situation einfach kurz beim Internationalen Mensch-Ärgere-Dich-Nicht-Verband in Zürich an und erkundige mich telefonisch nach der verbindlichen Regellage! Dann hat die arme Seele ihre Ruh'.
– Papa, nicht so 'nen Quatsch machen!
– Doch, genau das mache ich jetzt. Ich rufe dort an. Siehst du, hier ist das Telefon, die Nummer weiß ich natürlich auswendig, das haben wir beide ganz schnell geklärt:

»Hallo, hallo, ist dort der IMÄV in Zürich, ja, Internationaler Mensch-Ärgere-Dich-Nicht-Weltverband? Sehr gut, entschuldigen Sie vielmals die Störung, aber ich habe da eine wichtige Frage: Meine Tochter hat nämlich eben eine Fünf gewürfelt. Was? Ja, eine Fünf, F-Ü-N-F, und sie hätte wohl lieber eine Sechs gehabt. Was meinen Sie, darf sie es da wohl noch ein weiteres Mal versuchen, also zweimal hintereinander, Sie verstehen? Ja ... ja ..., Sie dulden da keine Ausnahmen, aha, Schutz des Spiels selbst, hmmm, Idee des Spiels, verstehe, hmhmm, Institution, hmmm, jaja, das heißt, die gleichen Regeln gelten für alle, immer, hmm, hmm, verstehe, könnte ja jeder kommen, hmm, jaja, verstehe, gut, hmm, ja, das gebe ich so weiter, recht herzlichen Dank dann auch ... Und bis zum nächsten Mal, gell, und ein Gruezi in die Schweiz!«

– Also, du hast es ja selbst gehört: Nichts zu machen, die Regeln sind da absolut eindeutig. Ausnahmen sind nicht vorgesehen. Soll ich dir ausrichten.

– *Papa, du bist sooooo blöd!*

– *Ich bin überhaupt nicht blöd, du hast doch damit angefangen.*
Ich wollte doch nur sicherstellen, dass …

– *Ach, jetzt spiel doch endlich weiter!*

– *Gut, reden wir nicht mehr davon. Wer war dran? Ich glaube, du*
warst dran. Dann mach mal!

– *… Vier!*

– *So ein Mist! Sieh mal, mit der Vier kannst du mich hier raus-*
schmeißen …

– *Papa, ich möchte aber lieber mit der anderen Figur gehen.*

– *Na gut, aber ich bin schon fast zu Hause. Wenn du meinen Roten*
jetzt nicht schlägst, erwischst du ihn garantiert nicht mehr. Dann
bin ich mit der ersten Figur so gut wie drin – und führe!

– *Ich möchte aber lieber mit der anderen gehen!*

– *Das entscheidest am Ende du ganz allein, ich wollte dich ja nur …*
Aber, wie gesagt, es ist deine Sache, deine Sache.

– *Ja.*

Auch gut. Gewinne ich halt wieder. Ich bin es ja nicht, der
sich in spätestens drei Minuten flennend auf dem Boden
wälzt. Außerdem hast du ja ganz recht – soweit ich weiß,
steht nirgendwo geschrieben, dass du meine Figur jetzt schlagen *musst*. Eine Regel ist das nicht, jedenfalls keine von der
Art, die festlegt, welche Züge erlaubt oder untersagt sind. *Klug*
wäre es natürlich, strategisch sinnvoll, was sag ich: zwingend
angezeigt! Das ist aber auch schon alles.

Und so wenig ist das nun wieder nicht. Ich meine, würden
wir eine Partie »Mensch ärgere dich nicht«, bei der sich jeder
Mitspieler vorbildlich an die Regeln hält, es jedoch nach Möglichkeit vermeidet, einen anderen zu schlagen, etwa noch
eine Partie »Mensch ärgere dich nicht« nennen?

Gewiss nicht. Das wäre was anderes, ein *neues* Spiel. Woraus ich nur schließen kann, dass es nicht allein die Regeln des Regelwerks sind, die das Spiel zu dem machen, was es ist, sondern eben auch die strategischen Prinzipien und taktischen Maximen, die sich daraus ergeben, das Spiel gewinnen zu wollen. Und im Gegensatz zu den Regeln, die festlegen, welche Züge erlaubt sind und welche nicht, handelt es sich bei diesen Regeln der zweiten Art offensichtlich nicht um Vorgaben, bei denen sich unabhängig von der jeweiligen Spielsituation angeben ließe, wann und wie genau ihnen zu folgen wäre.

Zur endgültigen Klärung der Frage, ob du dich an die Maxime »Im Zweifelsfall schlagen« hältst, müsste ich den Herrschaften am Sorgentelefon in Zürich schon die gesamte Spielsituation in allen Einzelheiten schildern, und da tut es für den Ernstfall auch nicht irgendein firmer Regelbuchhalter aus der unteren Abteilung, nein, da bräuchte ich, wenn's hart auf hart kommt, schon einen echten Experten an der Strippe, am besten einen ehemaligen Champ mit eigener Spielerfahrung und geschulter *Urteilskraft* – oder zumindest jemanden mit einem verdammt rechenstarken Computer im Büro.

Immer angenommen, man will das Spiel auch gewinnen. Unbedingt gewinnen. So wie du. Bebt ja schon wieder, deine Oberlippe. Das sichere Zeichen, und jetzt würfle ich auch noch eine Sechs. Und eine Fünf danach. Das war es. Jetzt kann uns nur noch ein Wunder retten.

– *Was guckst du, geht's dir nicht gut?*
– *Nein, Papa, alles okay.*
– *Aber irgendetwas ist doch.*
– *Nein, nein, lass mich, alles okay.*
– *Und warum würfelst du dann nicht?*
– *Du, Papa ...*

– *Ja, was ist denn?*

– *Ich glaub, ich muss mal Kacko!*

– *Kacko: Ja toll! Kein Problem, dann geh, ich halte hier die Stellung. Oder halt, warte mal ganz kurz, den Fall hatte ich als Schiedsrichter noch nicht. Ich rufe nur noch schnell in Zürich an, ob das auch erlaubt ist: Ja, hallo, ich bin's noch einmal. Ich habe noch eine Frage. Es gibt hier ein Mädchen, das muss Kacko, ja, während des Spiels, ganz richtig.*

– *Driiinngend!*

– *Verzeihung, es muss dringend Kacko, also offenbar keine taktische Pause – geh schon mal! Bevor ein Unglück passiert! –, jaja, verstehe, obere Leitregel Nummero eins im Bereich Kinder bis zehn Jahre: »Kacko immer erlaubt!«, ja, »es sei denn, bei offiziellem Turnierspiel«, da gelten besondere Bestimmungen … Jaja, verstehe, so weit kommt es bei uns gewiss nicht. Danke vielmals! Kommt nicht wieder vor.*

– *Hast du gehört, Süße, Kacko ist immer erlaubt. Irgendwie auch logisch. Lass dir also ruhig Zeit!*

– *Guut! Verstanden!*

IV. MORGEN IST EIN NEUER TAG!

Die meisten Menschen entwickeln sich von Affen zu Autoritäten, aber es ist nicht unvermeidlich.

Stanley Cavell, *Der Anspruch der Vernunft*

MUSS MAN VERSPRECHEN HALTEN?

Und warum das die wichtigste Frage von allen ist

– *Hast du keine Lust mehr?*

– *Doch. Schon.*

– *Ist es, weil ich in Führung liege?*

– *Nein, jetzt würfle endlich!*

– *Na gut: vier! Und die erste Figur drin. Jetzt bist du dran ... Hallo, du bist dran!*

– *Ja. Pöööh: eins.*

– *Dann geh mal deine Eins.*

– *Dahin?*

– *Eins, nicht drei!*

– *(Den Tränen nahe.) So macht mir das aber gar keinen Spaß!*

– *Du, manchmal liegt man vorne, manchmal hinten. Kein Grund zum Schmollen. Und schon gar nicht zum Aufgeben.*

– *Sei still! Das brauchst du mir nicht extra zu sagen! (Wirft den Würfel an die Wand.)*

– *... Also, so habe ich keine Lust mehr. Entweder wir spielen richtig, und du benimmst dich, oder wir hören auf. Überleg's dir.*

– *Halt, halt, nicht aufhören. Ich spiel ja schon richtig.*

– *Richtig heißt: nach den Regeln. Und keine Faxen!*

– *Ja.*

– *Versprochen?*

– *Ja, versprochen, jetzt spiel doch weiter ...*

– *Aber Versprechen sind eine ernste Sache, das weißt du. An ein Versprechen muss man sich auch halten.*

– *Weiß ich doch!*

– Also gut: sechs. Und drei. Mit einer Vier kannst du mich rausschmeißen.

– … Vier! Juuui!

– Du, schau mich mal an. Zuerst hattest du aber eine Zwei gewürfelt. Und erst dann eine Vier. Geh bitte deine Zwei!

– Aber beim ersten Mal habe ich es doch nicht so gemeint. Das war kein richtiger Wurf.

– Wie, nicht so gemeint? Sah aber wie ein ganz normaler Wurf aus.

– War es aber nicht.

– Also weißt du, das ist wirklich die dümmste Ausrede, dich ich je gehört habe. Wenn du am Zug bist, den Würfel in die Hand nimmst, der Würfel die Hand verlässt, dann hast du gewürfelt, dann zählt das – und dann es ist absolut schnuppe, was du dir dabei gedacht hast. Da kannst du dir den Würfel noch so schnell wieder schnappen und hoffen, dass ich es nicht gesehen habe.

– Ich habe aber nicht gewürfelt, ich habe doch nur geüü-üübt.

– Herzchen, du hast mir versprochen, dich an die Regeln zu halten. Vor zwanzig Sekunden hast du es mir versprochen, hoch und heilig. Weißt du noch? Oder hast du da auch nur geübt?

– Nein. Ich halte mich doch daran!

– Das tust du nicht. Und das weißt du auch ganz genau, wenn du ehrlich zu dir selbst bist. Mal abgesehen davon, dass man Würfeln nicht trainieren kann. Das ist der ganze Witz dabei.

– (Weint.) Mit Schwester Maja macht es viel mehr Spaß!

– Klar, da gewinnst auch immer du, weil du da ständig die Regeln zu deinen Gunsten änderst …

– Überhaupt nicht … Das verstehst du doch gar nicht! (Rennt heulend in ihr Zimmer.)

Doch, das tue ich. Ich verstehe dich. Sehr gut sogar. Deswegen gebe ich auch nicht nach. Schließlich hast du gerade dein Wort gebrochen; und wären wir Menschen nicht länger bereit, zum jeweils eigenen Wort zu stehen, unsere Sprache löste sich nach und nach in ein bedeutungsloses Nichts seltsamer Laute auf – unser Leben gliche dem von Tieren. Das ist es, was Nietzsche meint, wenn er schreibt: »Der Mensch ist das Tier, das versprechen kann.«

Einen ernsteren Verstoß gibt es also gar nicht. Was nicht heißt, dass ich dir keine zweite Chance geben wollte. Wenn es sein muss, werde ich dir noch viele weitere Chancen geben, so lange, bis du begriffen haben wirst, was es heißt, zu deinem Wort zu stehen, und damit vor allem, worin der Unterschied zwischen der Regel liegt, einen gewissen Zug ausführen zu *müssen*, und der Regel, gegebene Versprechen halten zu *müssen*. Das ist die einzige Unterscheidung, von der ich wirklich wünschte, ich könnte sie dir beibringen, der einzige Unterschied, von dem ich mir nicht verzeihen wollte, sollte er dir entgehen.

Schließlich gibt es kaum etwas Verheerenderes als Menschen, die glauben, eine moralisch einwandfreie Existenz erschöpfe sich darin, moralische Regeln so zu befolgen und zu handhaben wie die Regeln eines Brettspiels – gleichsam als Existenzanleitung für ein strahlend weißes Gewissen! Flache, manchmal sogar grausame Menschen sind das. Flach, ohne es zu wissen. Grausam, ohne es zu begreifen. Menschen, von denen ich mir nicht vorstellen kann, mit ihnen durch ein glückliches Leben zu gehen. Stell dir doch nur mal vor, der Mensch, den du liebst und der dich liebt – so sehr, dass ihr einander die Treue versprochen habt –, wendet sich eines Tages mit der Bitte um eine zweite Chance an dich.

Wie du da wohl reagiertest:

– *Zweite Chance? Ich wüsste nicht, wieso! Versprechen muss man halten. Da gibt es nichts zu diskutieren.*

– *Aber ich habe es doch nicht so gemeint. Versteh doch, es war in diesen Tagen, als ob ... als ob ich nicht recht bei mir gewesen wäre, wie in Trance war das. Ich kann es mir heute selbst nicht mehr recht erklären.*

– *Für mich sah es auf dem Foto aber so aus, als ob du ganz genau gewusst hast, was du wolltest. Ganz genau! Nein. Du hast getan, was du nicht lassen konntest. Das hättest du dir schon vorher überlegen sollen.*

– *Aber ich bestreite doch gar nicht, was ich getan habe: Ich bitte dich um Verzeihung! Wo steht denn geschrieben, dass du mir nicht verzeihen kannst?*

– *Beim »Mensch ärgere dich nicht« gibt es auch keine zweiten Versuche, das war eines der ersten Dinge, die ich von meinem Vater gelernt habe. Sonst spielt man nämlich kein »Mensch ärgere dich nicht« mehr, sondern ein anderes Spiel. Und dieses Spiel, da kannst du Gift drauf nehmen, werde ich nicht mitspielen!*

– *Mein Vater hat mit mir früher auch »Mensch ärgere dich nicht« gespielt«, und hin und wieder hat er so getan, als würde er bei der »Internationalen Mensch-ärgere-dich-nicht-Zentrale« anrufen, weil die dort das vollständige Regelwerk vorliegen hatten und deshalb immer genau wissen, was in einer Situation zu tun ist. Wen willst DU denn jetzt anrufen: Etwa »Die Oberste Moralische Leitzentrale«? Oder gleich den lieben Gott und fragen: »Entschuldigen Sie, der Fall liegt folgendermaßen ... Wie sieht es aus, darf ich meinem Mann eine zweite Chance geben?«*

– *Weißt du, das ist das eigentlich Verletzende: Dass du wirklich glaubst, dich so aus der Affäre ziehen zu können; dass du Sachen immer genau dann, wenn es ernst wird, irgendwie ins Lächerliche ziehst. Deswegen kann ich dir nicht mehr vertrauen! Deswegen kann ich dir nicht verzeihen. Verstehst du das?*

– Das tut mir leid, denn das ist das Allerletzte, was ich wollte. Aber selbst wenn dir die Stimme am anderen Ende sagen würde: »Wir haben das genau überprüft, der ist im Prinzip in Ordnung, dem können Sie verzeihen ...« Inwiefern wäre dir denn geholfen? Dann bist es doch immer noch du und nur du, der mir verzeihen wollen muss ... Und für die Frage, ob du das sollst, gibt es keine feststehende Regel. Und keine Entscheidung wird taugen, sofern du sie zuvor nicht als deine Entscheidung begreifst ... Aber ich glaube, ich verstehe, was du meinst. Du kannst es einfach nicht, weil dir der Glaube fehlt. An mich, an uns, oder die Kraft oder der Mut ... Und wenn es so ist, dann geht es eben nicht, dann geht es nicht weiter.

– Ich könnte dir alles verzeihen – hörst du? –, alles, wenn du mir nur das Gefühl geben würdest, dass das alles für dich nicht nur ein Spiel ist, bei dem man dich leider beim Schummeln erwischt hat; das Gefühl, dass du mich ernst nimmst, uns – und vor allem dich selbst. Kannst du das überhaupt, dich selbst ernst nehmen? Meinen, was du sagst, anstatt einfach nur Worte aneinanderzureihen?

– Aber das tue ich doch, ich tue es im Moment! Verdammt, es ist doch nicht so, dass ich die ganze Zeit über ... Dass du jetzt, wegen dieser einen Sache, mit einem Schlag alle Figuren vom Tisch fegen musst.

– Du hast das doch getan! Du hast alles zerstört! Nicht ich.

– Nein, das habe ich nicht. Ich habe einen Fehler begangen, den ich nicht einfach rückgängig machen kann. Ich wünschte, ich könnte es wie ... wie einen Zug beim »Mensch ärgere dich nicht«.

– Ach, lass mich doch endlich mit diesem dämlichen Spiel in Ruhe!

– Du hast doch ... Aber ja, hast ja recht. Außerdem gibt es so viele andere Spiele, die viel besser zu uns beiden passen. Meinst du nicht?

– So? Welche denn?

– Steine springen lassen zum Beispiel. Weißt du noch, damals, am See? Oder meinetwegen auch Basketball, eins gegen eins, einfach so.

– *Besonders gut warst du nicht.*
– *Aber Spaß hat's doch gemacht, oder?*
– *Weiß ich jetzt nicht mehr.*
– *Dann versuch dich doch bitte zu erinnern.*

Deswegen, weißt du, wünsche ich mir, dass du den Unterschied zwischen den beiden Regelarten begreifst – zwischen Regeln, die unsere Spiele bestimmen, und den Regeln, die unser moralisches Miteinander bestimmen. Er hat seinen Platz in unserem Leben. Liegt mittendrin. Wenn du selber einmal Kinder hast, wirst du vielleicht verstehen, wie viel von ihm abhängen kann.

Kommst ja schon wieder angedackelt. Gott sei Dank.

– *Hallo.*
– *Hallo. Geht's wieder besser?*
– *Ja.*
– *Und, wie sieht's aus, willst du jetzt lieber mit Schwester Maja weiterspielen oder mit mir?*
– *Lieber mit dir.*
– *Na gut. Dann würfel mal. Wir kriegen das schon hin, wir beide.*
– *Ja, aber ich gewinne.*
– *Ist das ein Versprechen?*
– *Nein, ich versuche es nur.*
– *Gut. Und ich auch!*

WAS WÄRE, WENN DU MAMA NICHT GETROFFEN HÄTTEST?

Von unmöglichen Welten und möglichen Lieben

– *Warum bist du denn so still? Etwa noch sauer wegen vorhin?*
– *Nein. Ich denke nur nach.*
– *Worüber denn?*
– *Nur solche Sachen. Für mich.*
– *Was für Sachen? Erzähl doch mal, wenn du schon auf meinen Schoß geklettert kommst.*
– *Papa?*
– *Ja?*
– *Was wäre eigentlich, wenn du Mama nicht getroffen hättest?*
– *Wenn ich Mama nicht getroffen hätte? Wie meinst du das?*
– *Gäbe es mich dann überhaupt?*
– *Hm. Nein, dann gäbe es dich nicht. Das lässt sich mit ziemlicher Sicherheit sagen. Denn, weißt du, jedes Kind ist absolut einzigartig. Und die besondere Weise seiner Einzigartigkeit hängt davon ab, wer die Eltern des Kindes sind. Dich, so wie du bist, gibt es also wirklich nur, weil Mama und ich uns damals getroffen haben, in dieser Pizzeria ... Die Geschichte haben wir dir doch schon oft erzählt.*
– *Ja, habt ihr.*
– *Eben. Und für den Fall, dass diese Begegnung nie stattgefunden hätte, gäbe es dich einfach nicht.*
– *Habe ich mir auch schon gedacht.*
– *Da hast du aber gut nachgedacht.*

Und zum ersten Mal in dieser Form, soweit ich es zu sagen weiß. Musste ja eines Tages so kommen. Jetzt hörst du sie also auch, eine Stimme in deinem Kopf, die dich nach dem fragt, was hätte sein können. Sie wird bleiben, dir fortan jeden Tag aufs Neue einfachste und unheimlichste Fragen einflüstern und dir mit jeder neuen Frage eine neue mögliche Welt vor Augen führen – von der nicht eine einzige die deine werden sollte. In den Wahnsinn kann sie dich treiben, diese Stimme. Wie ein Dämon.

Nein, ich hätte diese Pizzeria damals nicht betreten müssen. Ich weiß bis heute nicht schlüssig zu erklären, weshalb ich es getan habe. Es gab keinen Grund. Wollte wohl einfach mal kurz vorbeischauen. Auf ein Bier, möglicherweise eine zweite Halbzeit. Jedenfalls hatte ich nicht die leiseste Ahnung, dass dort am Ecktisch ein alter Schulkamerad sitzen würde, vor kurzem erst zugezogen, der mich fröhlich angetrunken herbeiwinkte, mir seine Freundin vorstellte sowie deren Freundin, die aus einem fremden Land zu Besuch gekommen war, zwei Wochen früher als ursprünglich geplant.

Deine Mutter und ich haben diese Szene unzählige Male durchgespielt: Nichts an unserer Begegnung war notwendig oder auch nur im Entferntesten wahrscheinlich. Und was für uns und damit dich gilt, gilt für alles, was ist. Weißt du, die Welt, in der wir leben, besteht ausschließlich aus Dingen, die nicht hätten sein müssen. Nichts, was existiert, existiert notwendig. Zumindest können wir uns von allem, was um uns herum geschieht und geschehen ist, ohne Widerspruch vorstellen, dass es nicht geschieht oder geschehen wäre. Jeder Mensch kann es. Jedes Kind. Mit staunenden Augen.

– *Wie kommst du eigentlich auf diese Frage?*

– *Nur so.*

– *Das glaube ich dir nicht. Fragen sind niemals zufällig. Für die gibt es immer einen Grund.*

– *Papa, kommt die Mama denn wieder?*

– *Aber ja. Heute Abend, gleich nach der Arbeit. Wie immer.*

– *Bist du sicher?*

– *Absolut. Weshalb sollte sie denn nicht wiederkommen?*

– *Ist sie also nicht mehr böse auf dich?*

– *Nein. Wieso denn?*

– *Weil ihr doch gestern gestritten habt.*

– *Weil wir gestritten haben? Ach so, jetzt verstehe ich: Du hast uns gestern Abend gehört, von deinem Zimmer aus.*

– *Ja.*

– *Und das hat dir nicht gefallen, gell?*

– *Nein, das war gar nicht schön.*

– *Es war kein schlimmer Streit. Ich hatte nur mal wieder vergessen, die Butter in den Kühlschrank zu stellen, und darüber hat die Mama sich ziemlich aufgeregt. Sie war müde, weißt du, und ich auch. Und dann gab ein Wort das andere. Das war alles.*

Fast alles. Dass es so einfach nicht weitergehe, hat deine Mutter auch noch gebrüllt, und meine Gedankenlosigkeit als Indiz einer fortwährenden und gezielten Missachtung ihrer Person gedeutet, insbesondere ihres Strebens nach einem minimal geordneten Haushalt ...

Also doch was Ernstes, für den, der richtig zugehört hat.

Ich wünschte wirklich, ich hätte die Butter in den Kühlschrank gestellt. Denn für dich, verkrochen unter deiner Decke, war unser Streit offenbar traumatisch genug, um einen Riss in deiner Seele zu erzeugen, der dir erstmals die Augen für die Möglichkeit eines Untergangs deiner Welt öffnete und der dich, in einem zweiten Schritt, dazu brachte, dir eine Welt zu imaginieren, in der du und wir als Streitende gar nicht existiert hätten. War es nicht so?

Und wer weiß, vielleicht hast du aus meinen Entgegnungen

gestern Abend tatsächlich den sehnlichen Wunsch nach einem Leben herausgehört, in dem ich deine Mutter niemals getroffen und dich niemals gezeugt hätte – eine Verfluchung meines Alltags.

Gesagt habe ich das so nicht. Und auch nicht gemeint. Obwohl ich nicht bestreiten will, dass ich ihn mir gestern zuflüstern hörte, jenen Dämon, von dem Nietzsche schreibt, er schleiche sich des Nachts heran und suche uns in unseren einsamsten Stunden auf, um uns vom Ende aller möglichen Welten zu künden. »Weißt du schon«, spricht der Dämon, »dieses Leben, wie du es jetzt lebst und gelebt hast, wirst du noch einmal und noch unzählige Male leben müssen; und es wird nichts Neues daran sein, sondern jeder Schmerz und jede Lust und jeder Gedanke und Seufzer und alles unsäglich Kleine und Große deines Lebens muss dir wiederkommen, und alles in derselben Reihe und Folge.« Worauf diese Stimme uns vor die schwerste aller Fragen stellt: »Willst du dieses Leben also noch einmal und unzählige Male?«

Ich weiß, Nietzsches Dämon kündet von einem sich unendlich wiederholenden Lebenskreislauf – der *ewigen Wiederkunft des Gleichen*. Aber einmal angenommen, ich hätte nicht unendlich viele identische, sondern nur dieses eine und unwiederholbare Leben, was änderte das? Wären die Fragen des Dämons – Willst du dieses Leben? Würdest du es genau so wieder wollen? – für mich damit weniger drängend? Und worin sonst zeigte sich *mein* Wille zur Wiederkehr des Gleichen als in meinem Willen zur Bejahung meines Alltags mit euch? Wie müsste ich, müssten wir einander gut werden, um wahrhaftig nach nichts mehr zu verlangen als einer ewigen Wiederkehr unseres Alltags?

So viel jedenfalls wurde mir gestern Nacht klar: Ein Leben, zu dem ich jeden Tag wieder Ja sagen wollte, wäre ein glückliches Leben. Und eine Ehe, zu der ich jeden Tag wieder aus freien Stücken Ja sagen wollte, eine glückliche Ehe – wenn auch vermutlich keine alltägliche.

> – *Da brauchst du dir wirklich keine Sorgen zu machen. Die Mama kommt wieder. Ganz gewiss. Wir streiten uns ja auch gelegentlich, du und ich, und haben uns trotzdem weiter lieb. Oder?*
> – *Ja, stimmt.*
> – *Und so ist das mit mir und der Mama auch.*
> – *Hab ja nur gefragt. Weil ich die Mama doch so lieb hab.*
> – *Klar. Verstehe ich. Hab sie ja auch lieb, die Mama.*

Wie meine Welt heute ohne euch aussähe? Ich kann es mir kaum noch vorstellen. Meine Verbindung zu diesen möglichen Ichs gleicht der Verbindung zu alten Freunden, die ich schon sehr lange nicht mehr gesehen habe und von denen ich nicht sicher wäre, sie heute an meinen Tisch winken zu wollen. Könnte ich ihnen denn erklären, weshalb ich mir ein Leben ohne dich nicht mehr vorstellen will? Oder bliebe ich – wie alle anderen Väter, die ich kenne, auch – unfähig, befriedigend zu formulieren, weshalb der Gedanke an ein Leben ohne Kind keinen Sinn und keinen Wunsch mehr ergibt?

> – *Wie hast du die Mama denn erkannt?*
> – *In der Pizzeria, meinst du?*
> – *Ja.*
> – *Gar nicht. Wie soll ich sie denn erkannt haben? Wenn ich sie doch damals das erste Mal gesehen habe.*
> – *Ach so, stimmt ja.*
> – *Andererseits hast du schon recht, denn sie kam mir vom ersten Moment an seltsam vertraut vor. Das passiert einem ganz selten im Leben, dieses Gefühl, dieser Gedanke: Mensch, die ist aber nett,*

die mag ich, die versteht mich – mir ist, als ob ich die schon ewig kennen würde.

– Ich mag den Noah! Der Noah ist mein Freund.

– Ja, stimmt, das kann ich bezeugen, den hast du auf Anhieb gemocht. Und so ähnlich war das bei mir und der Mama auch. Nur eben ein wenig stärker. Ich würde sogar sagen, wesentlich stärker. Kein Wunder, wir waren ja auch schon etwas älter.

– Habt ihr euch dann auch geküsst?

– Am ersten Abend? Nein. Wo denkst du hin! Später schon, klar. Auf den Mund!

– Ich habe den Noah auch schon geküsst!

– Aha. Das ist ja hochinteressant. Und, wie hat er reagiert?

– Der wollte das nicht. Der hat geschrien und ist weggerannt. Ganz blöd war das.

– Womöglich war er noch nicht so weit. Die Mama ist nicht weggerannt. Und blöd fand sie es, glaube ich, auch nicht. Im Gegenteil. Das war schön. Ein bisschen wie Zauberei, wenn man sich magisch voneinander angezogen fühlt, einfach nicht voneinander lassen kann ...

– Warum denn?

– Das fragst du mich? Hast du die Mama etwa nicht lieb?

– Doch, Papa, natürlich.

– Und du willst doch auch jeden Tag mit ihr schmusen, oder? Jeden Tag: Schmu-u-sen!

– Ja!

– Und warum?

– Weil es sich so schön anfühlt.

– Eben. Einen besseren Grund gibt es auch gar nicht. Und mir geht es ganz genauso. Ich mochte sie einfach, die Mama. Mag sie noch immer. Und ich glaube sogar, ich kann dir erklären, warum das so ist. Das hat nämlich etwas mit den Kugelmenschen zu tun.

– Mit wem?

– Habe ich dir noch nie erzählt, dass wir Menschen vor langer Zeit alle einmal die Form von Kugeln hatten und munter durch die Welt kullerten?

– Kugeln? Quatsch, Papa!

– Doch, das ist wahr. Kein Zweifel möglich. Das hat mir nämlich der Opa erzählt, und dem wurde die Geschichte wiederum von seinem Opa erzählt, und der wiederum bekam sie von seinem Opa erzählt, und so weiter, bis an den Anfang der Zeit. Eine uralte Geschichte ist das und damit absolut vertrauenswürdig.

– Aber wieso denn Kugeln?

– Na ja, damals war die Gestalt des Menschen noch andersartig, denn damals bestand jeder Mensch, genau genommen, aus zwei Menschen.

– Aus zwei Menschen?

– Ja, meistens aus einer Frau und einem Mann. Die beiden waren am Rücken so ganz glatt zusammengewachsen. Der Kopf hatte deshalb auch zwei Gesichter, die in einander entgegengesetzte Richtungen schauten.

– Hihi, komisch!

– Und vier Ohren hatte ein jeder Kugelmensch, für jede Hälfte zwei, und der Körper besaß natürlich vier Arme und vier Beine, und alles weitere auch doppelt, kannst du dir ja jetzt vorstellen, und weil sie nun vier Arme und vier Beine hatten, gingen oder rannten diese Menschen nicht aufrecht wie wir heute, sondern sie kugelten sich auf vier Armen und Beinen durch die Gegend, so ähnlich wie beim Turnen, wenn man ein Rad schlägt.

– Schwester Maja kann auch schon ein Rad schlagen!

– Klar kann sie das. Und wie sieht es bei dir aus?

– Ich auch. Fast. Guck mal!

– ... Nicht schlecht. So in etwa wird das damals ausgesehen haben. Aber natürlich hatten die Kugelmenschen größere Übung. Blitzschnell bewegten sie sich fort, viel schneller, als wir heute rennen können. Und sie waren auch enorm stark, kein Wunder, mit den vier Armen, die sie hatten, und sie waren stets prächtig gelaunt, denn sie fühlten sich nie allein, kurz, es ging ihnen einfach hervorragend, sie waren die glücklichsten Wesen auf Erden. Und daran, nun, genau daran, erzählt man, störten sich die Götter im Himmel.

– Welche Götter denn?

– Die einzelnen Namen weiß ich jetzt auch nicht mehr so genau. Auf jeden Fall gab es damals noch viele Götter und nicht nur einen einzigen. Kannst du sogar die Tante Gisela fragen. Vor allem der damals höchste Gott war sauer auf die Kugelmenschen, richtig sauer war der.

– Weshalb denn? Sie haben ihm doch nix getan.

– Eben. Das war ja gerade das Problem. Die Kugelmenschen waren so froh und sich selbst genug, dass sie sich nicht mehr um ihre Götter kümmerten, sie nicht ausreichend verehrten. Nicht einmal tiefere Gedanken haben sie sich gemacht, auch nicht gearbeitet, nur noch Faxen hatten sie im Sinn, wollten die ganze Zeit nichts als herumkugeln. Und deswegen hat der höchste Gott eines Tages beschlossen: Schluss damit! So geht das nicht weiter!

– Oh!

– Kannst du laut sagen. Denn beschlossen hatte er Folgendes: »Ich werde die Kugelmenschen einfach in der Mitte entzweischneiden, und sie sollen fortan aufrecht auf zwei Beinen gehen. Dann werden wir ja sehen, wie sie zurechtkommen.« Und das hat er dann auch getan. Hat sich die Kugelmenschen geschnappt und sie voneinander getrennt, einen nach dem anderen, so dass am Ende jede Hälfte allein auf der Welt da stand, meistens als eine einzelne Frau und ein einzelner Mann, auf zwei Beinen – so wie heute.

– Haben die denn nicht geblutet?

– Nein. Weißt du, der höchste Gott wollte ihnen ja damals nicht weh tun. Deshalb hat er sie ganz vorsichtig voneinander getrennt, wie bei einer Mandarine musst du dir das vorstellen, die lässt sich ja auch ganz zart in zwei Teile lösen. Nun, und die Folgen kannst du dir selbst denken.

– Wieso, was ist denn dann passiert?

– Ganz einfach. Seit jenem Tag läuft ein jeder Mensch genau genommen nur als Hälfte durch die Welt, immer getrieben von der Sehnsucht nach seinem verlorenen Partner von damals. Und wenn sich heute also zwei Menschen über den Weg laufen, die damals ein Kugelmensch gewesen waren, dann erkennen sie einander meistens recht schnell, erinnern sich an die schönen Zeiten von einst und gewinnen sich wieder lieb, wollen zusammenbleiben, nie wieder auseinandergehen – und gelegentlich auch mal gemeinsam durch die Gegend kugeln.

– Ja. Ich mag auch den Patrick!

– Patrick? Den kenne ich noch gar nicht.

– Der ist neu bei uns in der Turngruppe.

– Musst du mir unbedingt mal vorstellen. Aber ich habe dir das ja nur erzählt, damit du verstehst, weshalb ich bei der Mama gleich vom ersten Moment so ein gutes Gefühl hatte, verstehst du?

– Ja. Papa, war ich denn dann auch mal eine Kugel?

– Aber selbstverständlich – in Mamas Bauch! Hast doch die Fotos selbst gesehen. Kugelrund warst du. Runder geht es gar nicht. Denn die Kugelmenschen zeugen die Kugelmenschen, so ist das hier auf Erden.

– Aber was ... was ...

– Was aus deiner anderen Hälfte geworden ist?

– Ja.

– Ja, Gott, woher soll ich das wissen? Die musst du eben finden. Möglicherweise ist es ja der Patrick. Oder der Noah. Das merkst du dann schon, wenn du den Richtigen gefunden hast. Sieh dich erst einmal ein bisschen um in der Welt. Es gibt so viele Menschen. Da solltest du nichts überstürzen.

– Aber ich habe ein bisschen Angst, Papa, weil der Gott kann Mama und dich ja auch wieder trennen, oder? So wie damals?

– Macht er aber nicht. Auf keinen Fall. Es sei denn natürlich, wir würden es allzu toll treiben und so wie damals nichts als Faxen machen. Aber das tun wir ja nicht. Wir sind doch mittlerweile ganz vernünftig, die Mama und ich. Oder wie siehst du das?

– Ja. Nur Samstagmorgen ist so blöd, wenn ihr nicht aufstehen wollt.

– Das hat schon alles seine Ordnung, glaub mir. Großes Kugelmenschenehrenwort.

SIND WIR JETZT WIEDER FREUNDE?
Und weshalb uns diese Frage glücklich macht

Lass uns nicht schon wieder zanken. Ich bilde mir ja gar nicht ein, dich von allem Schwachsinn dieser Welt fernhalten zu können. Aber du solltest schon begreifen, dass es vernünftigere Geburtstagswünsche gibt als das pinkfarbene Party-Kreuzfahrtschiff einer Plastik-Blondine. Was rege ich mich überhaupt auf? Du weißt noch gar nicht recht, was du da sagst. Zwei- bis dreimal täglich erklärst du derzeit unser Verhältnis für beendet: »Du bist nicht mehr mein Freund.« Sprich: »Es ärgert mich, dass nicht jeder meiner Wünsche sofort erfüllt wird.«

Selbstverständlich werden sie das nicht. Genau darin besteht meine Pflicht. Erst recht, wenn es sich um Wünsche handelt, die in Wahrheit nicht deine eigenen sind. Ich war ja letzte Woche selbst dabei, als deine Freundin Anita vor versammeltem Kindergeburtstag das riesige Geschenk ihrer Patentante auspackte, habe Anitas Freudentanz gesehen, das neidische Glühen in deinen Augen und auch das Entsetzen im Gesicht ihrer Mutter.

Wie eine Krankheit hat sich der Wunsch nach dem Party-Schiff seither in deiner Clique ausgebreitet. Und du vorn dabei, gar als willensstarkes Leittier eurer kleinen Konsumherde. Nein, da kannst du noch so keifen und zetern: Deine Mutter und ich werden es nicht zulassen, dass du dich die nächsten Jahre an einem bulimischen Luder als Rollenmodell ergötzt. Da bekommst du schon eher einen Hund geschenkt. Der frisst wenigstens anständig.

– *Hörst du jetzt bitte auf, mir gegen das Schienbein zu treten. Das tut mir weh. Außerdem tritt man den eigenen Vater nicht.*

– *Blöd! Blöd! Du bist überhaupt nicht mehr mein Freund!*

– *Das sagtest du bereits. Was bedeutet das eigentlich konkret? Lädst du mich jetzt nicht mehr zu deinem Geburtstag ein?*

– *Nein, du sollst nicht kommen.*

– *Die Mama musst du dann aber auch ausladen. Die steht in dieser Angelegenheit nämlich voll hinter mir.*

– *Dann ist die Mama auch blöd.*

– *Also willst du deinen Geburtstag ohne Mama und Papa feiern?*

– *Ja, will ich.*

– *Ein wenig undankbar finde ich das schon, wo wir doch gerade erst festgestellt haben, dass du ohne uns überhaupt nicht auf der Welt wärst.*

– *Aber wenn ihr so blöd seid, lade ich euch nicht ein.*

– *Wo sollen wir denn während der Feier hin? Immerhin wohnen wir doch hier.*

– *Dann geht weg!*

– *Also, jetzt mach mal halblang. Außerdem: Wer trägt dann die Torte von der Küche ins Wohnzimmer? Und wer zündet zuvor die Kerzen an? Übernimmt das etwa deine große Schwester Maja?*

– *Neeeeeiin.*

– *Ich frag ja nur. Schließlich wollen Mama und Papa, dass du einen schönen Geburtstag feierst.*

– *Dann feiere ich eben bei Anita!*

Die wird sich freuen. Vor allem Anitas Mutter.

Die Freundschaft willst du mir kündigen? So weit, mein Kind, sind wir noch lange nicht. Denn wahre Freundschaft ist nur unter Gleichen möglich. Das kannst du schon bei Aristoteles nachlesen, und zwar in einem Buch, in dem der Philosoph seinem Sohn Nikomachos darlegt, was es für Wesen wie uns bedeutet, ein glückliches und erfülltes Leben zu führen.

Keinen einzigen Tag würden wir beide es miteinander aushalten, behandelte ich dich tatsächlich wie einen Freund – vermutlich würden wir diesen Tag nicht einmal überleben. Unsere Beziehung beruht ja auf nichts als Ungleichheit, oder, um es mit Aristoteles zu sagen: »Die Verbindung des Vaters zu seinen Kindern gleicht der Form der Monarchie, da der Vater für die Kinder Sorge trägt, weshalb Homer Zeus auch ›Vater‹ nennt.«

Zeus. Eben. Was im Zweifelsfall übrigens auch bedeutet, dass ich nicht zögern werde, ein Machtwort zu sprechen und dich von falschen Freunden zu trennen oder fernzuhalten.

– *Wen willst du denn dann einladen? Etwa den Patrick aus der Turnstunde?*

– *Ja, mit dem turne ich so gern. Der ist mein Freund.*

– *Also gut, Patrick, dein Turnfreund, kommt schon mal. Wer noch?*

– *Die Anita, weil die so schöne Spielsachen hat.*

– *Magst du die Anita auch, oder nur ihre Spielsachen?*

– *Ich spiele so gern bei ihr.*

– *Verstehe. Und was ist mit dem Paul, der hatte dich schließlich zu seinem Geburtstag eingeladen.*

– *Nein, der hat mich letzte Woche an den Haaren gezogen. Der darf nicht kommen.*

– *Dein Geburtstag ist erst in zwei Monaten. Bis dahin könnte sich euer Verhältnis wieder verbessert haben.*

– *Der Paul ist nicht mehr mein Freund. Aber Pia, Eva und Charlotte lade ich ein, das sind nämlich meine allerbesten Freundinnen.*

– *Klar, ohne die geht es nicht. Und den Noah, wenn er wieder gesund ist.*

– Stimmt. Den Noah! Den habe ich ganz vergessen!
– Da siehst du mal, wie gut es ist, mich an deiner Seite zu haben.

Es ist nach Aristoteles nämlich so: Freunde sind vor allem dem eigenen Denken förderlich, weshalb sie, recht verstanden, auch das höchste Gut im Leben eines Menschen sind. »Denn niemand möchte ohne Freunde leben, besäße er sonst auch sämtliche Güter.« Und wo er einmal dabei ist, stellt Aristoteles seinem Sohn noch einen weiteren Zustand vor, für den sich kein vernünftiger Mensch je freiwillig entscheiden würde: »Auch möchte niemand leben, wenn er nur den Verstand eines Kindes haben und alles, was den Kindern Freude macht, im höchsten Maße genießen sollte.«

Daraus folgt einiges. Für Nikomachos. Und womöglich auch für dich. Denn die aristotelische Erziehung zu einem glücklichen Leben wird demnach dem schlichten Ideal folgen, Kinder zu Menschen zu erziehen, die Freundschaften pflegen können. Und zwar Freundschaften, die weder auf schnellem Lustgewinn noch wechselseitiger Nützlichkeit basieren, sondern auf Wohlwollen und Freude an der Tugend des anderen.

Was später einmal aus dir werden soll, lässt sich mit Aristoteles deshalb in denkbar einfacher Weise angeben: die Freundin von guten Menschen. Der Rest deines Glücks, so denkt es der Philosoph, wird sich dann schon finden.

– Die kommen bestimmt alle gerne zu deinem Fest.
– Und bringen Geschenke!
– Ja, Geschenke. Aber vor allem feiern sie ja mit dir, freuen sich, dass es dich gibt! Denn auf der Welt zu sein ist doch schon mal was Schönes, oder?
– Ja, ich bin gern auf der Welt!
– Das höre ich gern.

– Und, Papa, wenn die Torte kommt, dann singen alle: »Viel Glück und viel Segen, auf all deinen Wegen, Gesundheit und Freude, sei a-auch mit dabei!«

– Genau. Denn das wünschen wahre Freunde einander: Glück, Gesundheit, Freude und dass alle deine Wünsche in Erfüllung gehen! Und wenn das tatsächlich geschieht, freuen sie sich für dich, gerade so, als seien ihre eigenen Wünsche in Erfüllung gegangen. Genau daran erkennt man die wahren Freunde.

– Vielleicht schenkt mir ja die Anita das Barbie-Schiff!

– Mal abwarten.

– Oder die Oma!

– Die Oma! Mein Gott, die Oma musst du natürlich auch einladen!

– Ja, die Oma ist auch meine Freundin.

– Aber wenn du die Oma einlädst, dann solltest du die Mama mit einladen, die freut sich ja genauso, dass du auf der Welt bist und will auch nur das Beste für dich. Genau wie ich übrigens.

– Hm. Das muss ich mir erst noch überlegen.

Tu das. Unsere Freundschaft steckt ja noch ganz in den Anfängen. Denn selbst Vater Aristoteles will trotz aller Ungleichheiten nicht bestreiten, dass wir beide bereits durch Freundschaft verbunden sind, wenn er schreibt: »Falls die Kinder den Eltern erweisen was den Erzeugern gebührt, und die Eltern ihren Kindern was denen, die sie erzeugt haben, zukommt, so wird die Freundschaft unter solchen beständig und von rechter Art sein.«

So gesehen läge das Geheimnis deiner gelungenen Erziehung schlicht und einfach in der Überführung unserer Freundschaft in eine Freundschaft unter Gleichen. Und dieser Übergang gelingt – will man Aristoteles glauben – durch nichts anderes als die kontinuierliche Pflege unserer Freundschaft selbst, das Teilen des Alltags und gemeinsame Gespräche,

vor allem durch Gespräche über unsere großen und kleinen
Wünsche, unsere Vorlieben und Eigenheiten, über das, was uns
erfreut oder betrübt, verwundert oder erstaunt, und natürlich nicht zuletzt über das, was unsere Welt zusammenhält –
philosophische Gespräche, im weitesten Sinne. So wie Aristoteles sich das denkt, können Freunde nämlich gar nicht
anders, als früher oder später ins Philosophieren zu geraten.
Freilich, ein Problem bleibt da schon noch. Um dich in unseren Gesprächen zur höchsten Form der Freundschaft erziehen zu können, müsste ich – so will es die Theorie – selbst
jemand sein, der zu dieser höchsten Form der Freundschaft
fähig ist; oder zumindest jemand, der sich zu so einem Menschen erziehen will.
Wie? Ganz einfach: Im philosophischen Gespräch. Unter
Freunden. Zum Beispiel mit dir.

> – *Bist du noch böse?*
> – *Nicht mehr so sehr.*
> – *Gut. Wir beide finden doch immer etwas, über das wir uns unter-*
> *halten wollen, oder nicht?*
> – *Jaja, du bist ja auch mein Papa.*
> – *Und dein Freund! Vergiss das bitte nicht, dein Freund bin ich*
> *auch.*

WARUM GIBT ES SO VIELE BÜCHER?

Und in welchem Buch eine Antwort darauf zu finden wäre

Mensch, es gibt einfach keine Tür, die vor deinem Willen sicher wäre. Kriegst du denn wirklich nie genug davon, erzogen zu werden? Offenbar nicht. Irgendetwas in dir will ständig mehr und anderes wissen. Oder zumindest unterhalten werden. Zur Not auch vor einer staubigen Bücherwand.

– Papa, du hast mehr Bücher als ich.

– Stimmt. Ich sammle aber auch schon länger.

– Hast du die alle gelesen?

– Viele davon. Aber alle, nein, alle nicht. Wie auch? Komm ja zu nix, wenn du mir den ganzen Tag hinterherschwänzelst.

– Wollt ja nur wissen.

– Ist schon gut. Auf die Anzahl kommt es bei Büchern sowieso nicht an. Es geht eher darum, die richtigen zu erwischen – die zu einem passen, zu einem sprechen. Das ist so ähnlich, wie einen guten Freund zu finden. Da gehört auch Glück dazu. Kein Mensch, weißt du, kann alle Bücher lesen. Dafür gibt es einfach viel zu viele.

– Wie viele denn?

– Insgesamt? Auf der ganzen Welt?

– Ja.

– Kann ich dir beim besten Willen nicht sagen. Womöglich so viele, wie es Kinder gibt.

– So viele?

– Ja, das könnte sogar in etwa stimmen. Für jedes Kind auf der Welt ein Buch. Und jeden Tag kommen neue hinzu. So wie Kinder.

– Warum gibt es denn so viele Bücher?

– Erklär mir lieber erst einmal, weshalb es so viele Kinder gibt!
– Das ... Ich weiß nicht.

Ich auch nicht. Keine Ahnung, ehrlich. Obwohl es in den Büchern dieses Regals von Antworten auf diese Frage nur so wimmelt. Zeugen und Schreiben, das ist schließlich eines der Lieblingsthemen unserer Dichter, gerade der unsterblichen. So wie natürlich der Philosophen.

Da stehen sie, griffbereit, Rücken an Rücken, ganz eng beieinander, wie enge Gefährten: Plato, Spinoza, Hume, Kant, Mill, Nietzsche, Heidegger, Wittgenstein. Der Kanon. Die Großen. So weit es mich betrifft. Obwohl ich dir, ehrlich gesagt, nicht einmal genau erklären könnte, was diese Denker eigentlich miteinander gemeinsam haben – mal abgesehen davon, dass sie alle Philosophen waren.

Es gibt nämlich kein Problem, an dem sie alle gemeinsam gearbeitet, keine Theorie, die sie alle vertreten, keine Gewissheit, die sie alle geteilt hätten; nichts, nicht eine einzige These, über die sie sich im Gespräch einig werden würden. Außer vielleicht der einen, von allen mit tiefer Besorgnis geteilten Überzeugung: dass es in ihrer Kultur entschieden zu viele Bücher gebe – Bücher der falschen, irreführenden Sorte. Und ein ganz ähnlicher Verdacht quälte sämtliche der genannten Herrschaften auch in Bezug auf ihre Mitmenschen: Merkwürdig viele gab es, viel zu viele, deren – wie soll ich es dir erklären? – deren Reden und Leben, sah man sich die Sache näher an, einfach keinen rechten Sinn ergeben wollte. Menschen, die, wie es diesen Denkern vorkam, in höhlenhafter Dunkelheit lebten. Und die sich daran seltsamerweise noch nicht einmal zu stören schienen. Wie »Schlafwandler«, wie »Gespenster« kamen sie ihnen vor, oder wie »Kinder« – nur ohne Neugier und Aufgeschlossenheit.

Ausgesprochen viele Freunde, das kannst du dir denken, haben sie mit ihren Thesen nie gefunden. Welcher erwachsene Mensch lässt sich schon gerne sagen, dass er im Grunde nicht weiß, wovon er redet? Da half es auch nichts, dass ein jeder dieser Autoren überzeugt war, nun selbst ein Buch geschrieben zu haben, das, folgte man nur den darin enthaltenen Anweisungen und Einsichten, diesem Missstand ein für alle Mal ein erlösendes Ende bereiten könnte: also jedem, der sich angesprochen fühlte, zu einem neuen, klareren, mündigeren Selbst zu verhelfen.

Erziehungsbücher für Erwachsene haben diese Philosophen geschrieben. Darin besteht ihre entscheidende Gemeinsamkeit, jetzt, wo ich so darüber nachdenke. Auf dass die Erwachsenen der Zukunft sich selbst und vor allem ihren eigenen Kindern vernünftig antworten können – gerade, was die wichtigsten Fragen des Alltags betrifft.

– *Also, was meinst du? Weshalb gibt es so viele Kinder?*

– *Na, weil es so viele Babys gibt.*

– *Klingt einleuchtend. Aber weshalb gibt es so viele Babys?*

– *Das passiert eben, wenn die Frauen einen Mann gefunden haben.*

– *Ja, das kann ich bezeugen.*

– *Und, Papa, die Kinder müssen ja alle Lesen lernen.*

– *Verstehe, und deshalb gibt es so viele Bücher.*

– *Ja.*

– *Außerdem möchten die Kinder ja auch nicht, dass man ihnen jeden Tag aus dem gleichen Buch vorliest.*

– *Das wäre langweilig.*

– *Klar. Abwechslung muss sein. Und was für die Kinder gilt, gilt auch für die Erwachsenen. Die wollen auch öfter mal etwas Neues.*

– *Ja, Tante Gisela liest mir auch immer andere Geschichten vor als du.*

*– Kann ich mir denken. Und dann gibt es noch Bücher, in denen
keine Geschichten erzählt werden, sondern die von Tatsachen handeln, davon, was der Fall ist – wissenschaftliche Bücher. Da kommen auch jeden Tag neue Bücher hinzu, weil die Menschen jeden
Tag etwas Neues erforschen.*

– Ja. Das lerne ich dann bald in der Schule.

– Genau. In der Schule.

Musst du auch. Mit reiner Wissenschaft ist in unserem Haushalt nicht viel. Dein Vater pflegt sich ja vorrangig für Dinge
zu interessieren, die es nicht gibt. Fiktionen, im weitesten
Sinne. Was du da vor dir siehst, sind fast ausschließlich Werke von Menschen, die mit der sogenannten Wirklichkeit un-
zufrieden genug waren, um einen Gutteil der eigenen Existenz auf den Entwurf eines detaillierten Alternativvorschlags
zu verwenden. Vorschläge, die wiederum von anderen, hin-
reichend unzufriedenen Existenzen mit ähnlichen Sehnsüch-
ten gelesen werden.

Warum es so viele Bücher gibt? Weil unsere Wirklichkeit
offenbar einiges zu wünschen übrig lässt. Ohne Fiktionen ist
sie einfach nicht zu ertragen.

– In der Schule lernst du vor allem erst einmal Lesen.

– Juhu, ich freue mich schon!

*– Und ich erst. Dann brauchst du mich nicht mehr zu fragen, ob
ich dir was vorlesen will. Das entscheidest du dann einfach selbst.
Gehst einfach ans Regal und suchst dir eines aus. Tage-, monate-,
jahrelang kannst du dann am Stück lesen, für den Rest deines
Lebens, wenn du willst.*

– Aber dann habe ich ja keine Zeit mehr zum Spielen.

*– Du musst ja nicht immer lesen. Aber du könntest. Außerdem ist
Lesen ein bisschen wie Spielen, finde ich. Jedenfalls kannst du mit*

Büchern alles Mögliche erleben. So ähnlich wie mit deiner großen
Schwester Maja.

– Wirklich?

– Aber ja, sie nehmen dich auf Reisen mit, führen dich in die tiefs-
ten Höhlen, verraten dir ihre Geheimnisse, suchen Prinzen, erobern
goldene Inseln. Das können meine Bücher alles.

– Aber Boxen nicht.

– Nein: Boxen ist schwierig. Das gebe ich zu.

– Schwester Maja schreibt auch gerade ein Buch!

– So? Wovon handelt es denn?

– Von Poopipääpi!

– Du meinst die Stadt, in der sie lebt?

– Ja, eigentlich schreiben wir es zusammen. Ich helfe ihr ein biss-
chen.

– Das ist aber lieb von dir. Ist das Buch denn bald fertig?

– Ja, morgen, glaube ich.

– Uuii, das geht aber fix.

– Oder übermorgen.

– Je nachdem, was euch beiden noch für Geschichten einfallen,
was?

– Ja.

Warum es so viele Bücher gibt?

Das, mein Kind, kann ich dir, glaube ich, ganz genau sagen:
Deine imaginäre Freundin Schwester Maja ist dafür verantwortlich. Sie und die ihren! Denn ohne diese Stimmen, mitten in uns drin (in fast jedem von uns), und ihrem Flüstern
von der Möglichkeit eines anderen, besseren, klareren Selbst
in einer anderen, besseren, klareren Welt – der Welt von morgen oder übermorgen! – wären die meisten gewiss niemals
entstanden.
Schon gar nicht die philosophischen.

WO IST OPA JETZT?
Und warum wir auf diese Frage ewig antworten wollen

Diese Augen. So dicht vor den eigenen. Es war doch eine ganz einfache Frage. Fünf Jahre bist du alt, liebst deinen Opa, seine Späße, seine Wärme. Wo er jetzt ist, der Opa?

> – *Ich weiß es nicht.*
> – *Geht's ihm gut?*
> – *Ich hoffe es.*
> – *Tante Gisela sagt, er ist jetzt im Himmel.*
> – *Jaja, die Tante Gisela, die weiß so etwas.*

Und nun? Widersprechen, differenzieren, einschränken? Dich mit eigenen Zweifeln beschweren, so kurz vor dem Einschlafen? Oder einfach abnicken, bezeugen ohne Glauben? Als ob du mir die Wahl ließest.

> – *Wo denn im Himmel, etwa da oben, über den Wolken?*

Und weiter, in ewig stechender Neugier:

> – *Wie kann man denn über den Wolken wohnen?*
> – *Du, da müssten wir wahrscheinlich den Opa selbst fragen.*
> – *Aber der Opa kann doch nicht mehr antworten, der ist doch to-ot!*

Das stimmt, mein Kind. Und möglicherweise ist das wirklich das einzig Sinnvolle, was es über den Tod zu sagen gibt: dass er der Zustand ist, in dem wir keine Antwort mehr geben. So jedenfalls hat es der Opa gesehen. Darin bestand sein größter Schmerz, als er ahnte, dass es zu Ende ging. Nicht mehr mit euch sein zu können, um euch in langen Frage- und Antwortspielen seine Welt zu zeigen, euch den Unterschied zwischen »scheinbar« und »anscheinend« zu lehren, euch Geschichten zu erzählen, vom dicken dummen Tobias oder Heino, dem weißen Adler, Geschichten, die er selbst noch nicht kannte, die nur er erfinden konnte und die nun mit ihm gestorben sind, weil es das ist, was stirbt, wenn ein Mensch stirbt: die Möglichkeiten, die nur ihm innewohnen.

– Vielleicht hört er uns ja zu und kann nur nicht mehr sprechen, dort oben im Himmel.

Aber das ist ein gefährlicher Vorschlag, besonders von einer Fünfjährigen, die sich über nichts heftiger aufzuregen weiß, als keine Antwort zu erhalten.

– Du meinst, so wie Pippi Langstrumpfs Mutter vom Himmel aus zusieht?
– Ja, Papa, genau so.

Begriffen habe ich allerdings nie, was an dieser Aussicht einer ewigen Aussicht tröstend sein soll. Nicht für den Zusehenden. Nicht für den Beobachteten. Genau genommen vermag ich mir kaum eine listigere Elternfolter vorzustellen, als das eigene Kind immer nur betrachten zu können, ohne jede Eingriffsmöglichkeit, getrennt durch eine Ewigkeit. Mal ganz abgesehen von praktischen Fragen. Denn solltest du mich jetzt bedrängen, wie uns der Opa von dort oben zusehen kann, durch die Wolken und die Dunkelheit, dann hilft nur noch ein erfundenes Nachtwolkenspezialfernglas für verstorbene Opas – wonach mir nicht ist und was du mir ohnehin nicht abnehmen würdest.

Leben nach dem Tod. Vier Worte, die nicht zusammenpassen. Wie soll ich mir, dir, das vorstellen? Als ewigen Schlaf. So hast du ihn das letzte Mal gesehen, im Krankenhaus, schlafend, hast dich zu ihm gesetzt, mitten ins Bett, ohne Furcht und ohne Mitleid für den aschfahlen Mann mit den Kabeln im Arm und zwei Röhrchen in der Nase. (Tut das weh? Nein, sonst könnte er ja nicht so ruhig schlafen. Manche Antworten sind ganz einfach.) Hast ihn gestreichelt, mit der nie befragten Gewissheit, dass er schon bald wieder aufwachen werde, um mit dir zu scherzen. Einer Gewissheit, die noch keinen Gott brauchte, um unbedingt zu sein. Hast den Kontakt seines Leibes gesucht, der noch weich und warm war und also lebendig. Mehr war nicht zu tun, auch nicht für uns, als wir spürten, wie das Leben mit jedem Tag aus ihm wich, verloren in dumpfen Morphiumträumen und immer selteneren Phasen wirren Erwachens, die zu der Frage führten, wer es war, der noch sterben musste, da die Person, die den Namen meines Vaters trug, schon lange verloschen war.

Glauben wir daran, dass es den Tod gibt? Ja, das glauben wir. Und wir glauben doch auch daran, dass der Tod in der Trennung der Seele vom Körper besteht? Gewiss, das glauben wir. Und dass der Zustand des Todes also der ist, in dem der Körper von der Seele getrennt wurde und nur noch für sich existiert? Ja, wir glauben es. Und die Seele vom Körper getrennt wurde und nur noch für sich existiert? Ja, das glauben wir.

Dieses Bekenntnis nimmt Sokrates seinen Schülern bei der letzten Zusammenkunft ab, um ihnen, kurz bevor er den Schierlingsbecher leert, zu beweisen, dass der Tod kein fürchtenswertes Übel ist. Schon gar nicht für einen Menschen, der sich den Dingen gewidmet hat, die nur die Seele betreffen, also der Erkenntnis ewiger Wahrheiten, weswegen Philosophieren, recht verstanden, nichts anderes bedeutet als Sterbenlernen.

Eine tröstliche Idee, dieser Dualismus von Geist und Körper. So tröstlich, dass wir unsere gesamte Kultur auf ihr errichten wollten. Scheinbar einfach zu verstehen, einfach genug, um sie einer Fünfjährigen erläutern zu können, die Vorstellung von der Seele, die den Körper im Moment des Todes verlässt und dann weiter bestehen kann, vor allem weiterdenken kann, auch ohne Körper.

So wie du, wenn du die Augen schließt und dich ganz auf das konzentrierst, was, wie du immer sagst, »in deinem Kopf denkt«. Sogar sehen kannst du mit geschlossenen Augen. Sieh nur, die Bilder deiner Vorstellung, direkt vor deinem geistigen Auge. Mit diesem inneren Seelenauge, stell dir mal vor, könnte uns auch der Opa jetzt zusehen, sogar vom Himmel aus, bis in alle Ewigkeit.

Vermutlich habe ich es nicht richtig erklärt. Oder zweitausendfünfhundert Jahre menschlichen Zweifelns haben ihre Spuren in deiner Seele hinterlassen. Aber als kleiner Mensch, der mir gegenübersitzt und dessen Hand ich zur Nacht streichle, zeigst du dich weitaus skeptischer als die Schüler des Sokrates. Keine Bekräftigung verlässt deine Lippen.

Er bleibt viel verlangt, der Glaube an die vollständige Trennung des Geistes vom Körper.

– Müssen denn alle Menschen sterben?
– Ja, jeder.

Es sagt sich ohne Schwierigkeit: alle Menschen, jeder, man. Ist doch ganz klar. Bis jemand stirbt, der nicht jedermann ist.

– Und jedes Tier?
– Tiere sterben nicht, sie verenden.
– Was ist denn der Unterschied?
– Der Unterschied besteht darin, dass Tiere nichts von ihrer Sterblichkeit wissen. Kein Tier kann fragen, was du mich gerade gefragt hast: Ob es sterben muss?

Und wenn du mich jetzt fragst, ob das bedeutet, dass Tiere keine Seele haben, würde ich wahrscheinlich mit Ja antworten.

So wird es also zum Privileg, das Wissen um unsere Endlichkeit, wird aus dem Sterbenmüssen ein Sterben*dürfen*. Weil Tiere wie wir ohne dieses Wissen nicht zu leben verstünden, keinen Sinn in unserer Existenz finden könnten. *Ewig* leben – welcher Sterbliche will das schon?

Du. Mit deinen fünf Jahren brauchst du noch keinen Tod in deinem Leben. Er würde es nicht reicher machen, nicht lust- oder sinnvoller. Und dass auch du, mein Kind, eines Tages sterben wirst, kann ich dir zwar versichern, aber du kannst es mir nicht glauben. »Bei mir wird der liebe Gott bestimmt eine Ausnahme machen«, hat der Opa immer gesagt. Um Tante Gisela zu ärgern.

Daran wirst du dich nicht erinnern. An nichts, was der Opa gesagt oder getan hat. Wie ausgelöscht sein wird sie später für dich, die Erinnerung an das kindische Paradies deiner Ewigkeit. Erst mit der Sterblichkeit bleibt die Erinnerung. Solche

Tiere sind wir. Ob es das ist, was Sokrates meint, wenn er in seinen allerletzten Stunden erklärt, alles Wissen sei Erinnern? Und Philosophieren, also doch, Sterbenlernen?

– *Weißt du, es gab ja auch eine Zeit, in der du noch nicht auf der Welt warst.*
– *Ja, da war ich in Mamas Bauch.*
– *Und noch davor, als es dich überhaupt noch nicht gab, nicht einmal als Idee.*
– *Ooooch, ja.*

Der Gedanke gefällt dir nicht, das ist deutlich zu sehen. Es hat etwas Kränkendes, nie gewesen zu sein, nie vorgestellt, nicht notwendig, einfach entstanden, aus einer Laune, aus dem Nichts.

– *Und was war da mit dir?*
– *Nix, da war ich einfach noch nicht da.*
– *So könnte es sein für Menschen, die gestorben sind, wie der Opa. Tot sein, das würde sich genauso anfühlen, wie nicht geboren zu sein. Also gar nicht.*

Lange, unwillige Stille.

– *Wie wenn du schläfst, ohne zu träumen, so könnte es jetzt sein für den Opa. Für immer.*
– *Will ich nicht.*

Willst du nicht. Ich auch nicht. Keiner will es, dieses Nichts in unserer Mitte. Es macht uns Angst, deine Augen beweisen es. Es ist diese Angst, die mich davon abhält, das Licht zu löschen, wenn du einschlafen sollst, und stattdessen eine kleine Lampe in der Ecke leuchten zu lassen, damit es nicht zu dunkel ist in dem Raum deiner Nacht.

Ich sehe das Bild eines sterbenden Mannes im Nachthemd, mit weit aufgerissenen Augen und der Stimme eines Kindes: »Und wenn danach doch noch etwas käme? Möglich bleibt es. Oder was meinst du?«

    – Hoffentlich träumt er was Schönes, der Opa.
    – Hoffentlich.

Obwohl ich es nicht glaube. Er hat nie gut geträumt, hat geschlafen mit geballter Faust, hat geschrien in seinen Träumen, gejagt von seinem Dämon, so laut, dass wir Kinder davon erwachten. Hoffentlich träumt er nicht.

Wo der Opa jetzt ist? Ich weiß es nicht. Aber wenn ich in deine Augen blicke, so eng und fragend wie seine, finde ich eigene Gründe zu glauben, dass er mitten unter uns ist, so nah und unsterblich, wie es ein Mensch nur sein kann. Und jetzt schlaf, mein Kind. Schlaf gut. Morgen ist ein neuer Tag.

EIN NACHWORT FÜR MORGEN –
Samt einiger Hinweise zur weiteren Lektüre

Das vorliegende Buch richtet sich an Menschen im Werden. Also an jeden von uns. Es ist von der Überzeugung getragen, das Ziel des Philosophierens liege in der bewussten Gestaltung dieses Werdens. Philosophie wird damit als ein fortlaufendes *Erziehungsprojekt* verstanden: für Erwachsene und solche, die es werden wollen.

Seinen Ausgang nimmt das Projekt von ganz alltäglichen, natürlichen Fragen. *Alltäglich* in dem Sinn, dass diese Fragen die Grundlagen unseres Miteinander betreffen; *natürlich*, weil sie in der ein oder anderen Form von jedem sprechenden Menschen gestellt werden – und zwar, sobald er oder sie sprechen kann.

Tatsächlich sind diese Fragen so alltäglich und natürlich, dass wir ihre Fraglichkeit regelmäßig vergessen oder verdrängen. Doch das hält nie lange. Schließlich erblicken jeden Tag neue Menschen das Licht der Welt, für die kaum etwas selbstverständlich ist. Denen müssen wir dann Rede und Antwort stehen. Sie erziehen. Bekanntlich keine so leichte Sache. Denn mit ihren im weiteren Sinne philosophischen Fragen erkundigen sich diese »kleinen Menschen« ja nicht nach wissbaren Tatsachen, sondern nach ihrem Platz in der Welt – und also danach, wie wir die Welt mit ihnen teilen wollen. Was mag es bedeuten, einen Menschen zu erziehen, wenn nicht, ihm durch *unsere Antworten* zu *seinem Platz* in der Welt zu verhelfen?

Die zwanzig Geschichten dieses Buches wollen nicht mehr,

als die Existenz dieser ganz alltäglichen Herausforderung sichtbar werden zu lassen – sowie erste Schritte zur ihrer eigenständigen Bewältigung anzuregen. Deswegen sei an dieser Stelle auf zentrale philosophische Texte und Autoren hingewiesen, die bei der Erzeugung der einzelnen Geschichten Pate standen:

I. UNTERWEGS MIT SCHWESTER MAJA

Die prägende Bedeutung eines älteren (imaginären) Freundes für die eigene Selbstwerdung tritt besonders eindrücklich in Platos Dialogen hervor, nicht zuletzt in dem pädagogischen Grundlagenwerk *Der Staat* (ca. 370 v. Chr.) sowie, zeitnäher, in Friedrichs Nietzsches Schrift *Schopenhauer als Erzieher* (1874). Was ein werdendes Ich und damit die eigene personale Identität im Kern zusammenhält, daran zweifelten John Locke in seinem *Versuch über den menschlichen Verstand* (1690) und David Hume in seinem *Traktat über die menschliche Natur* (1742) auf anregende Weise. Überlegungen zum Wert werdenden Lebens und damit künftiger Menschen stellt Peter Singer einflussreich in seiner *Praktischen Ethik* (1993) an. Wer wissen will, wohin ein konsequent gedachter Utilitarismus führt, sollte sich die Lektüre dieses Werkes nicht ersparen. Das nahende Problemfeld einer Perfektionierung unserer Nachkommen – im Augenblick ihrer Zeugung – erkundet Michael Sandel einsichtsreich in seinem Buch *Plädoyer gegen die Perfektion* (2005). Da Eltern in gewisser Weise auch Autoren sind, endet das Kapitel mit Fragen nach den Schöpfern neuer Geschichten, denkbar wirkmächtig behandelt in Roland Barthes' Vortrag *Tod des Autors* (1964). Für fortgeschrittene Zweifler sei überdies auf Jacques Derridas Nietzsche-Schrift *Ich habe meinen Regenschirm vergessen* (1982) verwiesen.

II. ALLES IN ORDNUNG?

Die Frage nach dem Schöpfer an sich (Gott) ist auch und vor allem eine philosophische. Nirgendwo wird sie eleganter und tiefer behandelt als in David Humes *Dialogen über die natürliche Religion* (1779). Den ersten Gottesbeweis von einem »Wesen, wie es größer und perfekter nicht gedacht werden kann« ersann Anselm von Canterbury in seiner Schrift *Prosligion* (um 1080). Erfahrungsnähere und höchst zeitgemäße Erörterungen zum Ursprung der Religion stellt William James in seinem Buch *Die Vielfalt religiöser Erfahrungen* (1902) an. Plausible und durchaus beschämende Gedanken über den Ursprung moralischer Ordnung in einer Welt ohne Gott sind in Friedrich Nietzsches *Genealogie der Moral* (1887) ebenso zu finden wie in Sigmund Freuds Schrift *Das Unbehagen in der Kultur* (1929). Die Frage, weshalb kleine Jungs ihrem Penis einen Namen geben, ist damit eng verbunden, wie Freud in seiner Vorlesung über *Die Weiblichkeit* erhellt. Was das Böse selbst in der besten aller möglichen Welten verloren hätte, analysiert Gottfried Wilhelm Leibniz in seiner *Theodizee von der Güte Gottes, der Freiheit des Menschen und dem Ursprung des Übels* (1710). Die prägende Bedeutung der Frage nach dem Bösen für die Geschichte der modernen Philosophie zeigt Susan Neiman in *Das Böse denken* eindrucksvoll auf (2002). Bleibt die Frage, wie ehrlich man als aufgeklärter Mensch in dieser Welt (mit oder ohne Gott) sein soll, worüber sich Immanuel Kant in seinem Aufsatz *Über ein vermeintes Notrecht aus Menschenliebe zu Lügen* (1797) besonders pflichtbewusste Gedanken machte.

III. WILLST DU MITSPIELEN?

Was Kinderspiele mit Steinen, Steine mit Schmerzen, Schmerzen mit menschlicher Sprache und menschliche Sprache mit dem Philosophieren zu tun haben, beschäftigte Ludwig

Wittgenstein ein Leben lang – nachzuvollziehen in seinen posthum erschienenen *Philosophischen Untersuchungen* (1953). Wer skeptischere Anfänge des Philosophierens bevorzugt, vertiefe sich mit dem Vater der modernen Philosophie, René Descartes, in dessen *Meditationen über die Grundlagen der Philosophie* (1641).

Bleibende Einsichten über das Wesen des Menschen als animal rationale (sowie des Hundes!) kommen in Martin Heideggers Schrift *Was heisst Denken?* (1952) zur Sprache. Ausgehend von der Überzeugung, dass wer nicht sprechen sich auch nicht entschuldigen kann, entwickelt John Langshaw Austin in seiner Schrift *Ein Plädoyer für Entschuldigungen* (1961) ein denkbar alltagsnahes Philosophieverständnis.

Regeln stehen im Mittelpunkt jeder Erziehung – und sei es nur, um sprechen zu lernen. Allein es bleibt die Frage: Welche Art von Regeln? Grundsätzliches zum Regelbegriff im Spiel des Lebens findet sich in John Rawls Aufsatz *Zwei Regelbegriffe* (1954) sowie in Stanley Cavells Meistwerk *Der Anspruch der Vernunft* (1978), in dem es übrigens auch um Steine, Schmerzen, Hunde, Entschuldigungen und vor allem den Wert der Philosophie für die Erziehung zukünftiger Menschen geht.

IV. MORGEN IST EIN NEUER TAG!

Vor dem Erziehen steht das Zeugen, ein Akt, der nicht selten mit einem bindenden Versprechen (Heirat) einhergeht – wie das funktioniert, was es bedeutet und warum es der Schlüssel zum Glück ist, dazu hat Stanley Cavell sich in dem Buch *Die Stadt der Worte* (2004) wundervolle Gedanken gemacht. Natürlich gilt es bei der Heirat, die Richtige oder den Richtigen zu finden, wozu Platos *Gastmahl* (um 380 v. Chr.) manch hilfreiche Geschichte enthält. Warum ein glückliches Leben (sowie eine glückliche Ehe oder Elternschaft) nur unter dem

Zeichen der Freundschaft denkbar ist, erklärt Aristoteles in seiner *Nikomachischen Ethik* (nach 350 v. Chr.)

Die Frage schließlich, warum es so viele Bücher gibt, sucht jedes Buch auf eigene Weise zu beantworten; so auch das vorliegende. Der Impuls, es zu schreiben, ging von einer einzigen Frage meiner Tochter aus: Wo ist Opa jetzt? Eine große Frage für kleine Menschen. Und nur einer von unendlich vielen möglichen Wegen in ein neues, philosophierendes Morgen.

Besonders danken möchte ich an dieser Stelle Aulis und Pirkko für einen ruhiges Sommerquartier, Michael Gaeb für Vermittlung, meinem Lektor Ludger Ikas, der dieses Buch über den Ozean hinweg (und unter ihm hindurch) fürsorglich begleitete – und natürlich der großen Pia, die niemals Warum fragte.

Bloomington, Indiana, den 31. 12. 2008